高等院校"十四五"经济管理类课程实验指导丛书

SPSS统计软件分析实验指导

EXPERIMENTAL
GUIDANCE
OF
APPLIED
SPSS

主　编◎王春枝　刘　佳　金　师

副主编◎李海霞　聂　霞　董世杰

经济管理出版社

ECONOMY & MANAGEMENT PUBLISHING HOUSE

图书在版编目（CIP）数据

SPSS 统计软件分析实验指导／王春枝，刘佳，金师主编 . —北京：经济管理出版社，2020. 12
ISBN 978-7-5096-7628-8

Ⅰ.①S… Ⅱ.①王… ②刘… ③金… Ⅲ.①统计分析—软件包—高等学校—教学参考资料
Ⅳ.①C819

中国版本图书馆 CIP 数据核字（2020）第 245236 号

组稿编辑：王光艳
责任编辑：杜羽茜
责任印制：黄章平
责任校对：张晓燕

出版发行：经济管理出版社
　　　　　（北京市海淀区北蜂窝 8 号中雅大厦 A 座 11 层　100038）
网　　址：www. E-mp. com. cn
电　　话：（010）51915602
印　　刷：北京市海淀区唐家岭福利印刷厂
经　　销：新华书店
开　　本：787mm×1092mm/16
印　　张：17
字　　数：289 千字
版　　次：2023 年 1 月第 1 版　　2023 年 1 月第 1 次印刷
书　　号：ISBN 978-7-5096-7628-8
定　　价：58. 00 元

总序 General order

随着各种定量分析方法在经济管理中的应用与发展，各高校均在经济管理类各专业培养计划的设置中增加了许多方法类课程，如统计学、计量经济学、时间序列分析、金融时间序列分析、SPSS统计软件分析、多元统计分析、概率论与数理统计等。对于这些方法类课程，很多学生认为学起来比较吃力，由于数据量较大、计算结果准确率偏低，学生容易产生畏难情绪，这影响了他们进一步学习这些课程的兴趣。事实上，这些课程的理论教学和实验教学是不可分割的两个部分。其理论教学是对各种方法的逐步介绍，而仅通过理论教学无法对这些方法形成非常完整的概念，所以实验教学就肩负着引导学生实现理性的抽象向理性的具体飞跃，对知识意义进行科学的建构，对所学方法进行由此及彼、由表及里的把握与理解的任务。

通过借助于专业软件的实验教学，通过个人实验和分组实验，学生能够体验到认知的快乐、独立创造的快乐、参与合作的快乐等，从而提高学习兴趣。

此外，在信息时代，作为数据处理和分析技术的统计方法日益广泛地应用于自然科学和社会科学研究、生产和经营管理及日常生活中。国内很多企业开始注重数据的作用，并引入了专业软件作为定量分析工具，掌握这些软件的学生在应聘这些岗位时拥有明显的优势。学生走上工作岗位后，在日常工作中或多或少地会有处理统计数据的工作，面对海量的数据，仅凭一张纸和一支笔是无法在规定的时间内准确无误地完成工作的。我们经常会遇到学生毕业后回到学校向老师请教如何解决处理统计数据问题的情况，如果他们在学校里经过系统的实验培训与学习，这些问题将会迎刃而解。这也是本系列教材出版的初衷。

本系列教材力求体现以下特点：

第一，注重构建新的实验理念，拓宽知识面，内容尽可能新且贴近财经类院校的专业特色。

第二，注重理论与实践相结合，突出重点、详述过程、淡化难点、精炼结论，加强直观印象，立足学以致用。

感谢经济管理出版社的同志们，他们怀着极大的热情和愿望，经过反复论证，使这套系列教材得以出版。感谢参与教材编写的各位同仁，愿大家的辛勤耕耘收获累累硕果。

杜金柱

2021 年 11 月于呼和浩特

前言
Preface

    SPSS 与 SAS、BMDP 并称为国际上最具知名度的三大统计软件。其中，SPSS 是世界上最早采用图形菜单驱动界面的统计软件，其最突出的特点就是操作界面极为友好，输出结果美观漂亮。SPSS 几乎将所有的功能都以统一、规范的界面展现出来，使用 Windows 窗口的方式展示各种管理和分析数据方法的功能，对话框展示出各种功能选择项。用户只要掌握一定的 Windows 操作技能，粗通统计分析原理，就可以使用该软件为特定的科研工作服务。因此，SPSS 在社会学、经济学、管理学、医学、心理学、市场学乃至自然科学领域均得到了广泛应用。

    本书的编写以普通高等院校本、专科经济管理类专业等相关学科"SPSS 统计分析软件"课程教学及实验应用为基本目的，从统计方法的实验原理出发，立足学以致用，注重经济管理理论与实践相结合，注重应用指导性，实现软件教学和案例教学的有机结合。本书的主要特点包括以下五个方面：

    （1）突出统计方法思想及其内涵介绍，帮助读者领会方法精髓和应用场合，以避免方法滥用、误用。

    （2）以最新版 SPSS 26 为工具，提供经济、管理领域中相关行业的实际数据与案例，详细讲解整个案例的完整分析过程，使读者真正领悟数据分析的精髓。

    （3）针对性地提出练习实验项目，加强相关内容的理解，巩固学习效果。

    （4）每个实验既环环相扣，又各自独立，以适应不同层次的教学和应用需要。

    （5）本书附案例数据光盘，读者可完整重现全部的分析内容。

    本书共包含 20 个独立的实验项目，大多数实验项目都包括实验目的、实验原理、实验过程、实验小结与练习实验，结构合理明晰，体系完善，内容完整。其中，"实验原理"介绍方法思想及其内涵，帮助读者领会方法精髓和应用场合；"实验过程"针对经济管理类实际案例，说明 SPSS 软件对相应统计内容的实现与操作，同时供课堂教学讨论参考，使知识进一步深化，有利于培养学生的创新思维；"练习实验"使学生通过基本实验操作训练，扎实地掌握基本统计方法软件的操作与实现，有利于理解与掌握统计学基本知识，培养分析问题和解决问题的能力。

    为了使读者易学易懂，本书还增加了三个 SPSS 统计分析软件实验指导与案例供读者参考，每个案例都是 SPSS 软件在社会各个领域的应用。

    本书由王春枝、刘佳、金师、李海霞、聂霞和董世杰共同编写。其中王春枝负责编写实验 17 和实验 18，并负责全书大纲的设计、书稿的组织以及最后的统稿；刘佳负责编写实验 19 和实验 20 以及案例二和案例三；金师负责编写实验 15 和实验 16；李海霞负责编写实验 1 至实验 6 以及案例一；聂霞负责编写实验 11 至实验 14；董世杰负责编写实验 7 至实验 10。卢文华和王佳琳两位研究生对书稿进行了校正和数据更新。在此，对两位研究生的辛勤付出深表感谢。

本书的数据文件可扫描 下载。

本书可作为管理、经济类各专业本科生实验教材，也可用于研究生教学。同时，本书还可作为其他相关专业本科生、研究生的教材和教学参考书，也可供从事经济、管理工作的相关人员参考。

由于时间和水平所限，本书难免存在不足与纰漏，请各位专家与学者不吝赐教。

编者

2020 年 10 月于呼和浩特

目录
Contents

实验4　数据的图形展示

实验5　统计报表

实验6　描述性统计分析

实验 7　假设检验

实验 8　方差分析

实验 9　多元方差分析

实验 10　列联分析与卡方检验

实验 15　主成分分析与因子分析

实验 16　判别分析

实验 17　典型相关分析

实验 18　对应分析

实验 19　时间序列分析

附　录　SPSS统计分析软件案例分析

数据文件的
建立与保存

1.1　实　验　目　的

（1）了解 SPSS 数据的结构特点和定义方式。

（2）掌握 SPSS 数据的输入与编辑方法，并掌握从常见外部数据源（包括 Excel 数据文件、Access 数据文件等）获取导入数据的方法。

（3）了解 SPSS 数据文件的合并方法。

1.2　实　验　原　理

通过本次实验，了解 SPSS 如何录入数据和建立数据文件，掌握基本的数据文件编辑与修改方法，对 SPSS 有一个浅层次的综合认识。

1.3　实　验　数　据

数据参见 accidents. sav。

1.4　实　验　过　程

1.4.1　数据文件的建立

在数据编辑窗口（SPSS Data Editor）的数据视图（Data View）中，数据文件是一张二维表格（见图 1-1）。一列是一个变量（Variable），一行是一个个体的每个变量的取值，称一个观测量或称一个记录。一个观测量在 SPSS 中称作一个 Case。行列交叉处称为单元格。

在数据编辑窗口的变量视图（Variable View）中，数据文件也是一张二维表格（见

图 1-2）。一列是变量的一个属性，一行是该变量每个属性的取值。变量的属性有：变量名称（Name）、变量类型（Type）、变量宽度（Width）、显示小数位数（Decimals）、变量标签（Label）、变量值标签（Values）、缺失值（Missing）、显示列宽（Columns）、对齐方式（Align）、度量类型（Measure）。

图 1-1　数据视图（Data View）

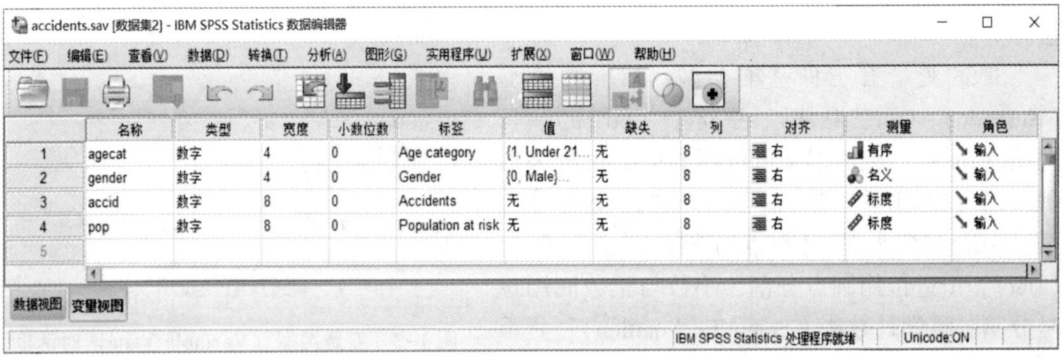

启动 SPSS 后，界面显示数据视图，可直接输入数据，然后切换到变量视图，更改变量属性，保存后便形成 SPSS 文件。也可以在进入 SPSS 后，先切换到变量视图，设置变量属性，然后切换到数据视图录入

图 1-2　变量视图（Variable View）

数据。

如果还要建立新的文件，不必退出 SPSS，选择菜单文件（File）→新建（New）→数据（Data），会出现一个新的空白数据编辑窗，输入数据后，就形成了新的数据文件。

1.4.2　变量的属性及其设置

任何一个变量都有一个变量名与之对应，但为了满足统计分析的需求，除变量名外，统计软件中往往还对每一个变量定义许多附加的变量属性，如变量类型（Type）、变量宽度（Width）等。

1.4.2.1　变量名（Name）

在 Name 框中输入要定义的变量名称。若不定义变量名，则系统依次默认为"VAR00001"

"VAR00002"……

　　用户也可以根据自己的需要来命名变量，变量命名应遵循的主要原则包括：①变量名不多于64个字符（32个汉字），且变量命名必须唯一，不能有两个相同的变量名。②首字符是字母、汉字或@开头，其后可为字母、汉字、数字或下划线，如"_""@""#""$"等，但不能含有空格或"？""–""！""＊"等特殊字符。同时，不能以下划线"_"和圆点"."作为变量名的最后一个字符。③变量名不能与SPSS保留字相同。SPSS的保留字有：ALL、AND、BY、EQ、GE、GT、LE、LT、NE、NOT、OR、TO、WHTH等。④系统不区分变量名中的大小写字符，例如age和AGE被认为是同一个变量。

1.4.2.2　变量的数据类型（Type）

　　将光标移至变量类型单元格中并单击右边形如"…"的按钮，弹出变量类型（Variable Type）对话框（见图1–3），有九种类型供选择。

　　SPSS变量有三种基本类型：标准数值型（Numeric）（系统默认）、字符型（String）、日期型（Data）。数值型又可按不同的要求分为五种：逗号数值型（Comma），千进位用逗号分割，小数与整数间用圆点分割；圆点数值型（Dot），千进位用圆点分割，小数与整数间用逗号分割；科学计数法（Scientific Notation）；货币型（Dollar）；受限数字（带有前导零的整数）

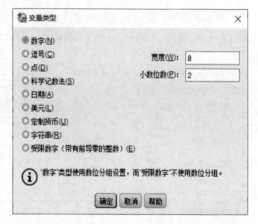

图1–3　变量类型（Variable Type）对话框

（Restricted Numeric）。共可定义九种类型的变量类型。

　　每种类型的变量由系统给定默认宽度。所谓宽度是指显示该变量值所占的字节数，也就是用字符数表示的显示宽度。小数点和其他定界符（"/"和"E"等）包括在总长度内，如12/31/2008和1.23E–03。

　　数值型变量系统默认宽度为8，还可以设置数值型变量的宽度（Width）和显示小数位数（Decimal）。另外，也可以通过调节变量视图（见图1–2）中的宽度（Width）、显示小数位数（Decimal）单元格右边的微调按钮设定宽度和显示小数位数，系统默认为两位。

　　字符型变量系统默认显示宽度为8个字符位，它区分大小写字母并且不能进行数学运算。注意：在输入字符型数据时，如果输入引号，引号将会作为字符型数据的一部分。

　　日期型变量是用来表示日期或时间的。SPSS以菜单的方式列出日期型的显示格式以供用户选择。日期型数据在时间序列分析中比较常用，在较为简单的分析问题中完全可以用普通数值型数据类型来代替。

1.4.2.3　变量的标签（Label）

　　数据处理过程中，变量名的命名越简单越好，此时，对每一个变量含义的解释就显得很重要，需要对简单的变量名加以注释说明（即标签），以便识别，如图1-2中的agecat、gender。在数据视图（见图1-1）中，当光标移至某变量名（如gender）处，会显示变量标签。

1.4.2.4　变量值标签（Values）

变量值标签（Values）是对变量所取的值的含义的解释说明。例如对于性别数据，用0表示男（Male），用1表示女（Female），数据录入时只录入0和1，如果在录入数据时数据集中没有设定变量值标签，其他人就很难弄清楚是0表示男还是1表示男。

选择Values单元格并单击右边形如"…"的按钮，弹出变量值标签（Variable Values）对话框（见图1-4）。在Value（值）对应的条框中录入变量的值，在标签（Label）对应的条框中录入变量值标签，两个条框输入内容后，添加（Add）按钮被激活，单击添加（Add）按钮后，下面大框内显示变量值及标签。若需修改或删除变量值标签，在下面大框内选定对象后，更改（Change）按钮和删除（Remove）按钮被激活，修改后单击更改（Change）完成修改；若单击删除（Remove）键则删除该变量值标签。

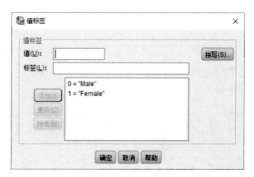

图1-4　变量值标签（Variable Values）对话框

1.4.2.5　缺失值（Missing）

在实际工作中，因各种原因会出现数值缺失现象，为此，SPSS提供缺失值处理技术。在变量视图（Variable View）中，将光标移到缺失值单元格并单击右边形如"…"的按钮，弹出缺失值（Missing Values）对话框（见图1-5）。

对缺失值在定义变量属性时应该给出明确的定义。各个分析过程对缺失值的处理都有默认的方法，也可以由用户指定如何处理这些缺失值。

图1-5　缺失值（Missing Values）对话框

1.4.2.6　数据列宽（Columns）

数据列宽表示显示数据的列宽，系统默认8个字符。

1.4.2.7　对齐方式（Align）

有左对齐（Left）、右对齐（Right）、居中（Center）三种数据对齐方式，系统默认变量右对齐。

1.4.2.8　度量类型（Measure）

主要用于定义变量的测度水平，按度量精度将变量分为：定量变量（Scale），如体重、血压等定距型数据；等级变量（Ordinal），如痊愈、显效、好转、无效等定序型数据；定性变量（Nominal），如 A 型、B 型、O 型、AB 型等定类型数据。该选项只用于统计制图时坐标轴变量的区分以及 SPSS 决策树模块的变量定义。

1.4.2.9　变量角色（Role）

主要用于定义变量在后续统计分析中的功能作用，用户可以选择输入（Input）、目标（Target）、两者都（Both）、无（None）、分区（Partition）和拆分（Split）六种类型的角色。

1.4.3　数据的输入和编辑

SPSS 中的数据输入和编辑与 Excel 很类似，具体操作简述如下：

1.4.3.1　数据的输入

设置完变量后，即可切换到数据视图键入原始数据。在一个单元格中输入数据要先激活（或定位）此单元格，该单元格边框将被加黑，再输入数据。激活单元格的方法有两个：一是用鼠标单击此单元格；二是用↑、↓、→、←等键移动光标到此单元格。

要修改某单元格中的数据，可双击该单元格，进入编辑状态，再对数据进行修改，或激活该单元格，在编辑栏中修改。

1.4.3.2　数据的编辑

在 SPSS 的数据视图和变量视图中，使用编辑（Edit）菜单（见表 1-1）中的命令或使用快捷菜单对数据和变量进行各种编辑。各种编辑都是先选定编辑对象，再选择操作命令。

（1）变量操作。在数据视图中单击变量名，选定该变量，该列变黑（或在变量视图中单击变量号，选定该变量，该行变黑）；使用编辑（Edit）菜单的插入变量（Insert Variable）命令，或用鼠标右键单击变量名（或变量号）于快捷菜单选择插入变量（Insert Variable）命令，可在当前列（或行）左侧（或上侧）插入一列（或行）。选定变量后，也可以进行删除、复制、移动等操作。在选定变量时拖动鼠标可选定多个变量。

表 1-1 编辑（Edit）菜单

编辑		Edit	
取消	^ Z	Undo	Ctrl+Z
重复	^ R	Redo	Ctrl+R
剪切	^ X	Cut	Ctrl+X
复制	^ C	Copy	Ctrl+C
粘贴	^ V	Paste	Ctrl+V
粘贴变量…		Paste Variables…	
清除	Del	Clear	Del
插入变量		Insert Variable	
插入观测		Insert Cases	
查找…	^ F	Find…	Ctrl+F
到某观测		Go to Case…	
选项…		Options…	

（2）观测操作。只能在数据视图中进行，与变量操作十分相似，不同的是，在数据视图中，变量操作是对列操作，观测操作是对行操作。

（3）单元格操作。一个单元格的选定：单击该单元格即可；单元格矩形区域的选定：将鼠标从左上角单元格拖动到右下角单元格，或单击左上角单元格，再按住 Shift 键不放单击右下角单元格。用编辑（Edit）菜单的剪切（Cut）、复制（Copy）、粘贴（Paste）命令，或用鼠标右键单击选定的单元格，在快捷菜单中选择剪切（Cut）、复制（Copy）、粘贴（Paste）命令，可进行数据的删除、复制、移动等操作。

1.4.4 数据文件的操作

1.4.4.1 新建数据文件

打开 SPSS 软件后，选择菜单栏中的文件（File）→新建（New）→数据（Data），可以创建一个新的 SPSS 空数据文件。接着，用户可以进行直接录入数据等后续工作。

值得注意的是，SPSS 26.0 可以同时打开多个数据文件，用户可以在多个文件中进行转换操作，这比起低版本的 SPSS 来说，更方便用户使用。

文件（File）菜单相关选项参见表 1-2。

表 1-2 文件（File）菜单

文件		File	
新文件	▶	New	▶
打开文件	▶	Open	▶
打开数据库	▶	Open Database	▶
读文本数据…		Read Text Data…	
关闭		Close	Ctrl+F4
保存	＾S	Save	Ctrl+S
另存为…		Save As…	
保存全部数据		Save All Data	
输出到数据库…		Export to Database…	
标记文件为只读		Mark File Read Only	
数据集更名…		Rename Dataset…	
输出数据信息	▶	Display Data Information	▶
缓冲数据…		Cache Data…	
停止处理器	＾.	Stop Processor	Ctrl+.
开关服务器…		Switch Server…	
打印预览		Print Preview	
打印…	＾P	Print…	Ctrl+P
最近使用数据	▶	Recently Used Data	▶
最近使用文件	▶	Recently Used Files	▶
退出		Exit	

1.4.4.2 直接打开已有数据文件

选择菜单文件（File）→打开（Open）→数据（Data）或最近使用的数据（Recently Used Data），弹出需要打开的数据类型和文件名，双击打开该文件（见图1-6）。

1.4.4.3 数据文件的读写属性设置

在菜单文件（File）下，显示将文件标记为只读（Mark File Read Only）/将文件标记为读写（Mark File Read Write）是一个文件读写属性的切换选项。如果显示将文件标记为只读（Mark File Read Only），说明此时数据文件处于可编辑状态，此时若单击该选项，菜单显示改变为将文件标记为读写（Mark File Read Write），说明此时数据文件处于只读状态，任何编辑都是不能保存的，虽然数据可以改变并及时显示这些改变，也可以进行统计计算，但不能存盘。这对重要的数据文件是一种保护。

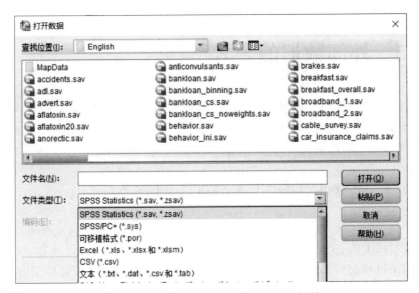

图 1-6　打开数据（Open Database）对话框

1.4.4.4　数据文件的保存

数据录入完毕后，选择文件（File）菜单中的保存（Save）或另存为（Save As）命令可保存为数据文件，操作步骤与其他软件相同（见图 1-7）。

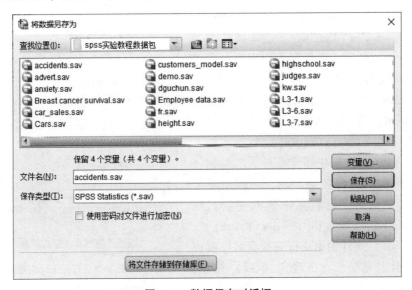

图 1-7　数据保存对话框

SPSS 默认保存的数据文件类型是 SPSS 数据文件（＊.sav），也可保存为 Excel 数据文件（＊.xls）、dBASE 数据文件（＊.dbf）、SAS 数据文件等。

如果有选择性地保存部分变量，可单击保存对话框中的变量（Variables）按钮，在弹出的变量（Variables）对话框中选择要保存的变量。

1.4.5 外部数据的导入

SPSS 可以导入 Excel（＊.xls）、文本文件（＊.txt）、Access（＊.mdb）、dBASE（＊.dbf）、SAS 等数据文件。下面介绍 Excel 文件（＊.xls）、Access 文件（＊.mdb）和文本文件（＊.txt）的导入。

1.4.5.1 Excel 文件（＊.xls）的导入

以 SPSS 自带的文件"demo.xls"为例，介绍 Excel 文件的导入。"demo.xls"文件位于 SPSS 安装目录下的 IBM \ SPSS \ Statistics \ 26 \ samples \ English 子目录中。

首先在 Excel 中打开 demo.xls，了解一下这个文件的结构，重点需要了解以下几项内容：①该文件中包含几个工作表，具体要导入哪个表；②如果不需要该表的所有数据，只需要读入一部分，这时需要记住要读入的数据的准确位置，如单元格 A2：F5；③此部分的第一行是否为变量名。了解清楚后，要关闭 demo.xls 文件。在本例中，"demo.xls"文件第一行是变量名，该文件只有一个工作表，下面读取该表中的全部数据。

选择菜单文件（File）→打开（Open）→数据（Data），在弹出的打开数据（Open File）对话框中，选择"demo.xls"文件所在路径［本例为 C：\ Program Files（x86）\IBM\ SPSS \ Statistics \ 26 \ samples \ English］，选择文件类型为"Excel（＊.xls）"，文件列表中出现所有的 Excel 文件；单击文件 demo.xls，单击打开按钮，弹出打开 Excel 数据源（Opening Excel Data Source）对话框（见图 1-8）。

工作表（Worksheet）框中指定要导入的工作表。范围（Range）框中指定要导入的数据区域，用单元格的起止位置来表示，中间用冒号":"隔开；"从第一行数据中读取变量名称（Read variable names from the firs row of data）"，本例"demo.xls"文件中第一行有变量名，所以选中此项。指定完毕，点击确定（OK）按钮，数据顺利导入到 SPSS 中。

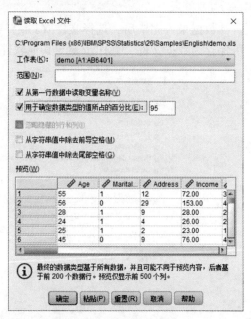

图 1-8 打开 Excel 数据源
（Opening Excel Data Source）对话框

1.4.5.2 Access 文件（＊.mdb）的导入

SPSS 可以直接读取很多类型的数据库文件，对于不能打开的数据格式，SPSS 提供了利用通用数据库 ODBC 接口读取数据的方法。这里以 SPSS 系统自带的 Access 文件"demo.

mdb"（位于 SPSS 安装目录下的 IBM \ SPSS \ Statistics \ 26 \ samples \ English 子目录中）为例，介绍使用数据库查询方法读取数据库文件的操作。

选择菜单文件（File）→导入数据→数据库→新建查询，弹出数据库向导（Database Wizard）的第一个对话框（见图 1-9）。其中，ODBC 数据源（ODBC Data Sources）框中已经列出了本机上已安装的所有数据源，选择 MS Access Database，单击下一步按钮，弹出 ODBC 驱动程序登录（ODBC Driver Login）对话框，单击浏览（Browse）按钮，选择"demo. mdb"文件所在路径［本例为 C：\ Program Files（x86）\ IBM \ SPSS \ Statistics \ 26 \ samples \ English］，选择文件类型为"Access（∗. mdb）"，文件列表中出现所有的 Access 文件，单击文件"demo. mdb"，单击打开（Open）按钮，返回 ODBC 驱动程序登录（ODBC Driver Login）对话框，单击确定（OK）按钮，弹出数据库向导（Database Wizard）的第二个对话框（见图 1-10）。将左边框中需要的变量或表拖动到右侧框中（或双击左边框中需要的变量或表），选择完毕单击完成按钮，数据顺利导入到 SPSS 中。

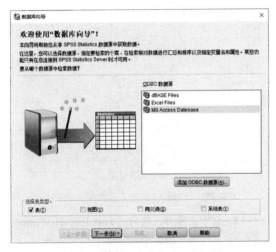 

图 1-9　数据库向导（Database Wizard）　　　　图 1-10　数据库向导（Database Wizard）
第一个对话框　　　　　　　　　　　　　　第二个对话框

由于在 SPSS 中，选择菜单文件（File）→打开（Open）→数据（Data）可以直接打开许多常用的数据文件，因此数据库查询接口的用处不是很大。但是使用 ODBC 接口可以直接和绝大多数流行的数据库进行数据交换，如 Access、SQL Server、DB2、Oracle 等，这是直接打开方式无法做到的。

1.4.5.3　文本文件（∗. txt）的导入

根据文本文件中数据的排列方式，可将文本文件分成固定格式的文本文件（Fixed Columns）和自由格式的文本文件（Free Field）两种。固定格式的文本文件，要求每个个案数据的变量数目、排列顺序、变量取值长度固定不变，一个个案数据可以占若干行，数据项之间可以有分隔符（一般为逗号、空格等），也可以没有。自由格式的文本文件每个个案的变量数目、排列顺序固定，一个个案数据可以占据若干行。与固定格式文本文件不同的是，自由格式文本文件的数据项之间必须有分隔符（分隔符可以是逗号、空格、Tab 键等），但数据项的长度可以变化。下面以 SPSS 自带的文件"demo. xls"为例，介绍固定格式的文本文件的导入。

选择菜单文件（File）→打开文本数据（Read Text Data），选择"demo. txt"文件所在路径［本例为 C：\ Program Files（x86）\ IBM \ SPSS \ Statistics \ 26 \ samples \ English］，选择文件类型为"文本格式（ ＊ . txt）"，文件列表中出现所有的 txt 文件，单击文件"demo. txt"，单击打开按钮，弹出文本文件导入向导（Text Import Wizard）的第一个对话框（见图 1-11），单击下一步按钮，弹出文本文件导入向导的第二个对话框（见图 1-12），一直单击下一步按钮，直至弹出文本文件导入向导的第六个对话框（见图 1-13、图 1-14、图 1-15 和图 1-16），选择完毕单击完成按钮，数据顺利导入到 SPSS 中。

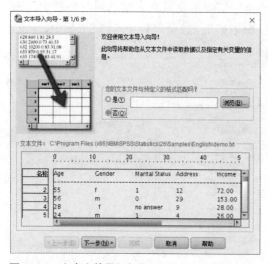

图 1-11　文本文件导入向导（Text Import Wizard）
第一个对话框

图 1-12　文本文件导入向导（Text Import Wizard）
第二个对话框

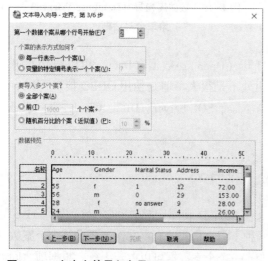

图 1-13　文本文件导入向导（Text Import Wizard）
第三个对话框

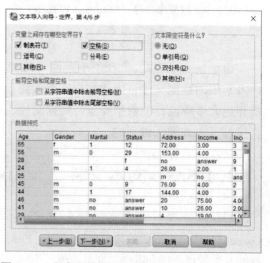

图 1-14　文本文件导入向导（Text Import Wizard）
第四个对话框

图 1-15　文本文件导入向导（Text Import Wizard）
第五个对话框

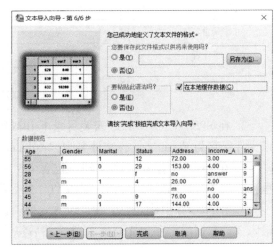

图 1-16　文本文件导入向导（Text Import Wizard）
第六个对话框

1.5　实验小结

　　所有的数据处理都是以数据为中心来展开的，因此，建立和引入数据文件是 SPSS 的基础。本章主要介绍了 SPSS 数据文件的建立、变量的属性及其设置、数据的输入和编辑、数据文件的保存与打开、外部数据的导入等知识，这些是进一步学习 SPSS 的基础。

 练习题

　　1. SPSS 中的变量有几种数据类型？在变量视图中，各个列分别表示的变量属性是什么？

　　2. 在 SPSS 中建立一个图书资料数据文件，该文件包括 6 个变量，具体说明参见表 1-3。设置好变量后，输入 2 本书的数据，将文件保存在硬盘上，文件名为"图书资料. sav"。

表 1-3　6 个变量的说明

变量名称	类型	说明
编号	字符型	
书名	字符型	
出版日期	日期型	
单价	数值型	缺失值为-1000~0

续表

变量名称	类型	说明
作者	字符型	仅要第一作者
性别	数值型	1表示男，2表示女

3. 在 SPSS 中打开 SPSS 安装目录下 IBM \ SPSS \ 子目录中的文件"demo. sav"，并把该文件保存为 Excel 文件，文件名为"exdemo. xls"。

4. 在 Excel 中建立一个文件，包含 6 列：姓名、性别、年龄、出生日期、身高、体重，输入 3 行数据后保存为 Excel 文件，然后将这个 Excel 文件中的数据导入到 SPSS 中。

5. 在 Access 中建立一个表，包含 6 列：姓名、性别、年龄、出生日期、身高、体重，输入 3 行数据后保存为 Access 文件，然后将这个 Access 文件中的数据导入到 SPSS 中。

参考文献

薛薇. 基于 SPSS 的数据分析（第二版）[M]. 北京：中国人民大学出版社，2011.

数据的管理

2.1 实验目的

(1) 掌握数据编码的方法，选择和确定变量类型，建立数据编码表。
(2) 学会增加新变量，设定变量的类型以及各项属性。
(3) 学会变量的删除与查询，优化与调整变量集的内容。
(4) 使用 SPSS 的变量计算功能，学会对变量的加权等运算方法。

2.2 实验原理

2.2.1 运算符和表达式

在 SPSS 中，有三种基本的运算：算术运算、关系运算和逻辑运算。下面分别介绍各种运算符的使用方法。

2.2.1.1 算术运算符与算术表达式

常用的算术运算符有："+"（加）、"-"（减）、" * "（乘）、"/"（除）、" ** "（幂）、"( )"（西文小括号）。由算术运算符连接数值型常量、变量或函数等构成的表达式称为算术表达式。例如，SQRT（B ** 2-4 * A * C）就是一个合法的算术表达式。在算术表达式中，运算符的优先顺序为：括号、幂、乘除、加减，满足自左向右的运算规则。

将一个数学式子写成 SPSS 算术表达式时特别要注意：①乘号 " * " 不能省略，也不能用点 " · " 代替。例如，要表示 a 乘以 b，不能写成 ab 或 $a·b$，要写成 $a * b$。②不能用中括号 "[ ]" 和大括号 "{ }"，只能用小括号 "( )"，要在必要的地方加上小括号。

2.2.1.2 关系运算符与关系表达式

关系运算符有："<"（小于）、"<="（小于等于）、">"（大于）、">="（大于等于）、"="（等于）、"~="（不等于）。由关系运算符将两个算术表达式连接起来，表示两者间比较关系的式子称为关系表达式。关系表达式的值是逻辑值：真（1）或假（0）。

关系运算符两边的值满足关系运算符，则关系表达式的值为真；如果不满足，则值为假。例如，表达式 9-1>2*3 的值为真；如果 $x=3$，则 $x-4>0$ 的值为假。

2.2.1.3 逻辑运算符与逻辑表达式

逻辑运算符有三种："&"（与）、"｜"（或）、"~"（非）。由逻辑运算符将逻辑型变量或值为逻辑型的关系表达式连接起来构成的表达式称为逻辑表达式，逻辑表达式的值为逻辑值：真（1）或假（0）。逻辑运算符的优先级次序由高到低分别为："~""&""｜"。

与运算：当参加运算的两个量均为真时，表达式的结果才为真，否则为假。例如，6>0 & -1<0 的值为真，3>-1& 5<3 的值为假。数学式子 $80 \leqslant x < 90$ 要写成 $x \geqslant 80$ & $x<90$。

或运算：参加运算的两个量中只要有一个为真，表达式的结果就为真，否则为假。例如，5>3｜ -3>0 的值为真。

非运算：非运算是一元运算符。参加运算的量为真时，表达式的结果就为假；反之，表达式的结果为真。例如，~ (6>0 & -1<0) 的值为假，~ (3<1) 的值为真。

SPSS 中三种运算符间的优先级次序由高到低为："~"（非）、算术运算符、关系运算符、"&" 和 "｜"。

2.2.2 函数

SPSS 提供了非常多的函数，根据函数功能和处理对象的不同，可将其分成以下几类：算术函数、统计函数、分布函数、逻辑函数、字符串函数、日期时间函数、缺失值函数和其他函数。

函数的书写形式为：函数名（参数）。括号中如果有多个参数，则各参数之间应用逗号隔开。SPSS 的常用函数如表 2-1 所示。

表 2-1 SPSS 常用函数及功能

函数	功能	函数	功能
ABS (x)	x 的绝对值	CFVAR $(x1, x2, x3, \cdots)$	求变异系数
ARSIN (x)	x 的反正弦值	SUM $(x1, x2, x3, \cdots)$	求和
ARTAN (x)		MEAN $(x1, x2, x3, \cdots)$	求均值
COS (x)	x 的反正切值	VAR $(x1, x2, x3, \cdots)$	求方差
EXP (x)		SD $(x1, x2, x3, \cdots)$	求标准差
LN(x)	x 的余弦值	CDF. NORMAL (a, μ, σ)	正态分布函数 $F(x) = P(X \leqslant a)$ 值
LG10 (x)	e 的 x 次幂	CDF. CHISQ (a, df)	卡方分布函数 $F(x) = P(X \leqslant a)$ 值

函数	功能	函数	功能
MOD (x, y)	x 的自然对数	CDF. T (a, df)	t 分布函数 $F(x) = P(X \leq a)$ 值
SIN (x)		CDF. F $(a, df1, df2)$	F 分布函数 $F(x) = P(X \leq a)$ 值
SQRT (x)	x 的常用对数	IDF. NORMAL (p, μ, σ)	满足 CDF. NORMAL $(a, \mu, \sigma) = p$ 的 a 值
RND (x)		IDF. CHISQ (p, df)	
TRUNC (x)	x 除以 y 的余数	IDF. T (p, df)	满足 CDF. CHISQ $(a, df) = p$ 的 a 值
		IDF. F $(p, df1, df2)$	满足 CDF. T $(a, df) = p$ 的 a 值
MAX $(x1, x2, x3, \cdots)$	x 的正弦值	UNIFORM (n)	满足 CDF. F $(a, df1, df2) = p$ 的 a 值
MIN $(x1, x2, x3, \cdots)$	x 的平方根	PROBIT (p)	0—n 间均匀分布的伪随机数 由已知概率值 p 推算 Z 值
	x 四舍五入后 的整数部分		
	x 的整数部分		
	求最大值		
	求最小值		

2.3　实　验　数　据

实验数据参见具体的实验过程。

2.4　实　验　过　程

数据文件建立后，根据不同的统计方法对数据文件的不同要求，需要对数据文件进行调整或转换。常用的数据管理方法包括：生成新变量、重新编码、自动编码等。经过对数据的调整，可以很好地满足数据统计分析的特殊要求。

2.4.1　生成新变量

在统计分析过程中，经常需要对已经存在的变量进行变换和计算，得出一个结果，并将结果存入用户指定的变量中。这个指定的变量可以是一个新变量，也可以是一个已经存在的变量，这就需要通过选择菜单转换（Transform）→计算变量（Compute Variable）来完成。

【例2-1】　图2-1是10个同学的英语、高等数学和计算机的考试成绩，计算每人这三科的平均分（数据见"L3-1. sav 实验数据"）。

解：选择菜单转换（Transform）→计算变量（Compute Variable），弹出计算变量（Compute Variable）主对话框（见图2-2），在目标变量（Target Variable）框中输入存放计算结果的目标变量名，本例的目标变量名为"平均分"。该变量可以是一个新变量，也可以是已存在的变量。新变量默认为数值型，用户也可以根据需要，点击变量类型和标签（Type & Label）按钮来修改变量类型，或对新变量加标签信息。如果目标变量是新变量，系统会自动在数据编辑窗口中创建该变量；如果目标变量已存在，则系统会以计算出的新值覆盖旧值。

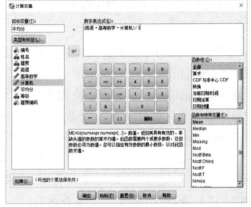

图 2-1　10位同学的英语、高等数学和计算机成绩　　图 2-2　计算变量（**Compute Variable**）主对话框

在数字表达式（Numeric Expression）框内输入：（英语+高等数学+计算机）/3，或输入：MEAN（英语，高等数学，计算机）。输入时，变量名或由键盘输入，或从左下边的框中送入，其他符号或由键盘输入，或使用中间的字符面板。函数组（Function Group）框中显示函数类型，函数和特殊变量（Function and Special Variables）中给出具体函数名，中下方框内是对所选函数的简要解释。选择所需的 SPSS 函数，单击上箭头按钮，函数便进入表达式框内。如果在表达式中有字符常量，则需要用单引号引起，如'北京'。

单击确定（OK）按钮，数据文件中便产生了一个新变量"平均分"。

若要在一定条件下，仅对观测量（Case）的某一子集进行计算或变换，就要用到图2-2中左下角的如果（If）按钮。单击如果（If）按钮，弹出如图2-3所示

图 2-3　**If** 个案（**Compute Variable：If Case**）对话框

的计算变量：If 个案（Compute Variable：If Case）对话框，其中包括所有个案（Include All Cases），这是系统默认值；如果在个案满足条件时包括（Include If Case Satisfies Condition）符合条件的观测量，通过键盘输入、函数选择或使用中间字符面板的按钮将关系表达式或逻辑表达式输入其下的文本框内。

在本例中，如果仅计算籍贯是北京的学生的平均分，需要在图 2-3 所示的对话框中选择在个案满足条件时包括（Include If Case Satisfies Condition）选项，在其下的文本框内输入：籍贯＝'北京'，单击继续（Continue）按钮，返回主对话框，再单击确定（OK）按钮。

2.4.2　重新编码

在数据分析中，如果需要将某些变量的观察值重新赋值，可选择菜单转换（Transform）→重新编码到相同变量（Recode into Same Variables）或重新编码到不同变量（Recode into Different Variables）来完成相应操作。选择重新编码到相同变量（Recode into Same Variables）子菜单，可对原有的变量取值进行修改；选择重新编码到不同变量（Recode into Different Variables）子菜单，可根据原有的变量取值来生成新的变量。

【例 2-2】　根据【例 2-1】计算出的变量"平均分"生成新变量"等级"，平均分≥90，等级为"优秀"，75≤平均分<90，等级为"良好"，60≤平均分<75，等级为"合格"，平均分<60，等级为"不合格"。

解：打开【例 2-1】生成的、含有"平均分"变量的数据文件。

选择菜单转换（Transform）→选择重新编码为不同变量（Recode into Different Variables），弹出重新编码为不同变量（Recode into Different Variables）主对话框（见图 2-4），在左侧列表框中选择变量平均分，单击箭头按钮，则"数字变量（Numeric Variable）->输出变量（Output）："中显示"平均分->?"；在右边输出变量（Output Variable）的"名称（Name）："框中键入"等级"，单击更改（Change）按钮，则"数字变量（Numeric Variable）->输出变量（Output）->变化量（　　）"中显示"平均分->等级"。

单击旧值和新值（Old and New Values）按钮，弹出旧值和新值（Old and New Values）对话框（见图 2-5），在左边旧值（Old Value）中设定旧值范围，在右边新值（New Value）中设定新值，两边设定好一组对应的值后，单击添加（Add）按钮；全部设定完毕后，单击继续（Continue）按钮，返回主对话框，单击确定（OK）按钮，即可完成重新编码。

旧值（Old Value）中设定旧值范围有几种选项可供选择，参见表 2-2。

由于本例中新变量的值为字符型数据，因此应选择"输出变量是字符串"（Output Variables Are Strings）选项，才可在新值中输入字符串信息。设定好新旧变量的定义，点击添加（Add）按钮，即可在"旧->新"列表框中显示设定好新旧变量的变换，单击确定（OK）按钮，即可将"平均分"变量值重新编码为"等级"变量。

图 2-4　重新编码为不同变量　　　　　图 2-5　旧值和新值
（Recode into Different Variables）主对话框　　（Old and New Values）对话框

表 2-2　旧值（Old Value）选项

选项	功能
○Value：　a	原值 a
○System-missing	系统默认值
○System- or user- missing	系统或用户定义的默认值
○Range：　a　through　b	原值范围在 [a, b]
○Range，LOWEST through value：　a	小于等于 a
○Range，value through HIGHEST：　a	大于等于 a
○All other values	除上述定义外，所有其他值

注意：当原值范围设定上下有重叠时，以上面的设定为准。例如，本例的 90 和 75，90 在上面重新编码为"优秀"，在下面重新编码为"良好"，最后结果是将 90 重新编码为"优秀"。因此要合理设置，以得到正确的结果。在对话框中，可以使用更改（Change）、除去（Remove）按钮来修改和删除变换。

图 2-5 中还提供了将数值型字符变量转换成数值变量的功能，用户可根据需要选择"将数字字符串转换为数字（Convert Numeric Strings to Numbers）"选项。若原始变量无定义，则编码后产生的新变量中自动指定为系统缺失值。若剩余的原始变量不需要再进行编码，则在原变量中选择所有其他值，然后在新变量中选择复制旧值。

本例可进一步将"等级"变量中的优秀、良好、合格、不合格重新编码为 4、3、2、1。

2.4.3　自动编码

有时需要将数值型变量值或字符型变量值转换为连续的数值变量，以便于统计分析。前文讲述的命令可以实现该功能，下面介绍另外一个命令自动编码（Automatic Recode），它能自动按原变量值的大小或字母排列顺序生成一个新的变量，该变量的值是表示原变量值的大小次序。

【例2-3】 将数据文件"L3-1. sav"（见图2-1）中的变量"籍贯"进行自动编码，生成的新变量为"籍贯编码"。

解：打开数据文件"L3-1. sav"。

选择菜单转换（Transform）→自动重新编码（Automatic Recode），弹出自动重新编码（Automatic Recode）对话框（见图2-6），在左边列表框中选择变量"籍贯"，按箭头按钮使其进入"变量->新名称"框中，然后在"新名称:"框中输入新变量名"籍贯编码"，单击添加新名称（Add New Name）按钮，则"变量->新名称"框内显示"籍贯->籍贯编码"。

在重新编码起点（Recode Starting from）框中确定编码起始的顺序，最小值（Lowest Value）指从最小值开始编码，最大值（Highest Value）指从最大值开始编码，赋值为从1开始的自然数。本例选择"最小值"。

单击确定（OK）按钮，即可生成新变量"籍贯编码"，其值是按籍贯自动生成的编码："安徽"为1，"北京"为2，…，"天津"为7。

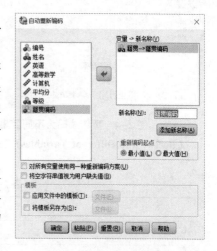

图2-6　自动重新编码
（Automatic Recode）对话框

2.4.4　个案排秩

为了解在指定条件下某个或某些变量的大小顺序，可选转换（Transform）菜单的个案排秩（Rank Cases）命令，弹出个案排秩（Rank Cases）对话框（见图2-7），选一个或多个变量点击右箭头按钮使之进入变量［Variable（s）］框作为按该变量大小排序的依据。若选一个或多个变量使之进入依据（By）框，则系统在排序时将进入依据（By）框的变量值分组排秩。

排序的结果在数据管理器中新建一个变量名为原排序变量前加一个特定排序类型字母的变量用于放置秩次。【例2-1】中，旧变量为"英语"，则普通排序时为"R英语"。用户可在个案排秩（Rank Cases）对话框的将秩1赋予（Assign Rank 1 to）框中指定秩次排列方式：最小值（Smallest Value）表示最小值用1标注，之后用2，3，4，…标注；最大值（Largest Value）表示最大值用1标注，之后用2，3，4，…标注。

若点击个案排秩（Rank Cases）对话框的类型排秩（Rank Types），系统弹出秩的类型（Rank Types）对话框（见图2-8）。

可选择如下排序类型：

（1）Rank：普通秩次。

（2）Savage Score：用指数分布为基础的原始分秩次。

（3）Fractional Rank：分组例数占总例数累计百分比秩次。

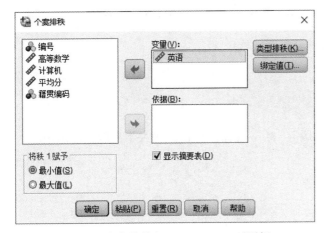

图 2-7　个案排秩（**Rank Cases**）对话框

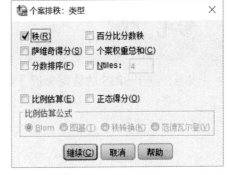

图 2-8　秩的类型（**Rank Types**）对话框

（4）Fractional Rank as ％：累积百分秩次，普通的秩除以有效观察值的加权数再乘以 100。

（5）Sum of Cases Weights：加权观察值的总数，在同一组别中其值为常数。

（6）Ntiles：按百分比进行分组，每一组变量值都具有同一个秩。给定一个大于 1 的整数，系统按此数范围确定排序的秩次。例如，输入的数值是 4，则将全部观察变量值的大小分成 4 个小组，每组都包含有约 25％的观察值，指定第一组观察值的秩为 1，第二组观察值的秩为 2，以此类推。

2.5　实验小结

本章介绍了 SPSS 的运算符、表达式和函数，特别要注意这些内容和数学中写法的不同。本章还介绍了数据文件的一些常用操作，如生成新变量、编码、数据的赋值转换等，这些操作可以帮助我们更好地整理数据文件，为统计处理做好准备。

 练习题

1. 有一个 SPSS 数据文件"L3-9. sav"（数据见文件"数据的管理实验数据"），该文件中是某减肥药物试验结果的部分数据。性别变量中，1 表示男，2 表示女。

对这个文件作如下操作：生成一个新的变量叫"减少量"，减少量的计算公式为：减少量=原体重-现体重。

2. 生成一个新的变量叫"效果"，效果变量的取值为很好、好、一般、差。很好、好、一般、差的判断标准为：10≤减少量，为很好，5≤减少量<10，为好，0<减少量<5，为一般，减少量≤0，为差。

3. 将"效果"中的很好、好、一般、差重新编码为 1、2、3、4，生成新变量"效果编码"。

参考文献

薛薇. 基于 SPSS 的数据分析（第二版）［M］. 北京：中国人民大学出版社，2010.

数据文件的管理

3.1 实验目的

（1）掌握 SPSS 数据的排序方法，能够对数据或变量进行排序。
（2）掌握 SPSS 数据的选取方法，可以按要求选择特定的数据。
（3）掌握数据分类与合并方法，能够拆分数据以及将不同文件的数据加以合并。
（4）了解数据转置、缺失值处理、数据计数等其他数据处理功能。

3.2 实验原理

数据文件建立后，根据不同的统计方法对数据文件的不同要求，需要对数据文件进行调整或转换。本章介绍常用的数据文件管理方法：记录的排序、选择、查找重复记录、数据的转置、变量加权、数据文件合并、分类汇总、数据分组、数据拆分、计数。经过对数据的调整，可以很好地满足数据统计分析的特殊要求。

3.3 实验数据

实验数据参见具体的实验过程。

3.4 实验过程

3.4.1 记录的排序

在对数据进行处理的过程中，有时希望按照某种顺序来重新排列观测量。这种依据一个或多个变量的值对各观测量进行重新排列的操作就是记录排序，所依据的变量称为关键字。SPSS 中排序的操作方法有以下两种：

第一，在数据视图中，在关键字变量名处单击鼠标右键，弹出的快捷菜单中有两个命令选项：升序（Sort Ascending）和降序（Sort Descending），可根据需要选择。

第二，如果要按多个变量进行排序，则要选择菜单数据（Data）→个案排序（Sort Cases）。

【例 3-1】 将数据文件"L3-1. sav"中的观测量按"籍贯"升序排序，籍贯相同的按英语成绩降序排序（数据见"L3-1. sav"）。

解：打开数据文件"L3-1. sav"。

选择菜单数据（Data）→个案排序（Sort Cases），弹出个案排序（Sort Cases）对话框（见图3-1），将第一关键字"籍贯"送入排序依据（Sort by）框中，单击升序（Ascending），再将第二关键字"英语"送入排序依据（Sort by）框中，单击降序（Descending），再单击确定（OK）按钮，即可完成排序。如果是多重排序，还要依次指定第二、第三排序变量及相应的排序规则。

图 3-1　个案排序（Sort Cases）对话框

3.4.2　记录的选择

SPSS 中记录的选择，事实上是一个记录筛选的过程，从数据中选出符合条件的记录。

【例 3-2】 对数据文件"L3-1. sav"中的记录进行选择。

解：打开数据文件"L3-1. sav"。

选择菜单数据（Data）→选择个案（Select Cases），弹出选择个案（Select Cases）对话框（见图3-2）。在对话框中，选择（Select）单选按钮组用于确定选择的方式。

（1）所有个案（All Cases）：选择所有的记录，为系统默认。

（2）如果条件满足（If Condition Is Satisfied）：选择满足条件的记录。单击如果（If）按钮，弹出（If）对话框（见图3-3），可在右上方文本框中输入关系表达式或逻辑表达式作为筛选条件。例如，键入"籍贯＝'北京'& 英语>=70"，可筛选出籍贯是北京且英语成绩≥70 的记录。

（3）随机个案样本（Random Sample of Cases）：随机选择记录。单击样本（Sample）按钮，弹出随机样本（Random Sample）对话框（见图3-4），可以设定从全部记录中按大约百分比随机选择记录，或从前若干条记录中随机选择一定数目的记录。

（4）基于时间或个案范围（Based on Time or Case Range）：按记录号范围选取记录，可单击范围（Range）按钮设置记录号的范围。

（5）使用过滤变量（Use Filter Variable）：用指定的筛选变量来选择记录，从左边变量列表框中选取一个筛选变量列入使用过滤变量（Use Filter Variable）框中，则筛选变量取值非 0 的记录被选中。

图 3-2　选择个案（Select Cases）对话框

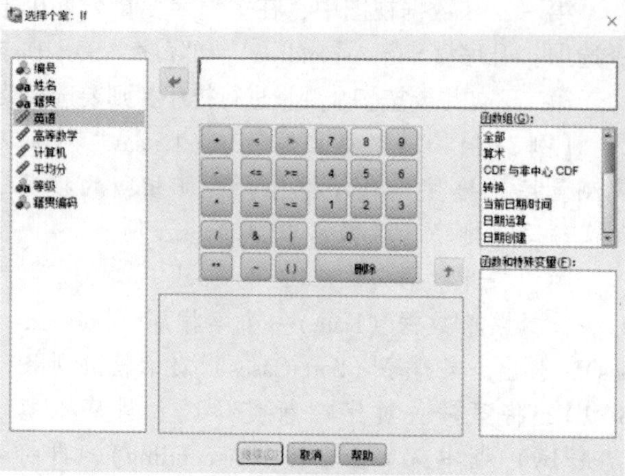

图 3-3　如果（If）对话框

在图 3-2 右下方的输出（Output）单选按钮组中，可以指定选中或未被选中记录的处理方式：

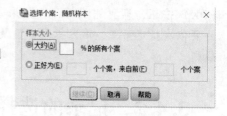

（1）过滤掉未选定的个案（Filter Out Unselected Cases）：在未被选中记录的记录号上会显示一条斜线，并且系统会自动产生一个名为"filter_$"的变量，被选中的记录该变量取值为 1，否则为 0。

（2）将选定个案复制到新数据集（Copy Selected Cases to a New Dataset）：将被选中的记录复制到一个新的数据文件中。

图 3-4　随机样本
（Random Sample）对话框

（3）删除未选定的个案（Delete Unselected Cases）：将未被选中的记录删除。注意：删除的记录不可恢复，一般不使用该选项。

设置完毕单击确定（OK）按钮，完成记录的选择。

SPSS 对记录进行筛选后，选择将一直生效，直到再次改变筛选条件。

3.4.3　查找重复记录

当数据量很大时，查找重复数据或记录是必不可少的操作。SPSS 为用户提供了快捷的查找重复数据的功能，不仅可以查找重复的变量值，还可以查找重复的记录。

【例 3-3】　某药品库进货清单部分记录的数据文件"L3-6. sav"如图 3-5 所示，查找是否存在药品名称、规格和厂商均相同的药品信息。

解：打开数据文件"L3-6. sav"。

选择菜单数据（Data）→标识重复个案（Identifying Duplicate Cases）命令，弹出标识重复个案（Identifying Duplicate Cases）对话框（见图 3-6）。在对话框中进行相应的选择和操作：

	编号	药品名称	规格	数量	单价	进货日期	厂商
1	001	川贝清肺糖浆	120ml	2000	12.60	13/01/11	浙江一新制药股份有限公司
2	005	川贝清肺糖浆	120ml	2000	12.60	13/01/11	浙江一新制药股份有限公司
3	006	维生素C片	100mg	3500	3.20	13/02/11	昆明制药集团股份有限公司
4	002	维生素C片	100mg	4000	3.20	13/02/15	昆明制药集团股份有限公司
5	003	维生素C片	100mg	4000	3.20	13/02/15	昆明制药集团股份有限公司
6	004	开胸消食片	12片X2板/盒	14000	6.80	13/02/11	丽江药业有限公司
7	007	易蒙停	2mg/粒X6粒/盒	650	8.10	13/02/12	西安杨森制药有限公司

图 3-5 数据文件"L3-6. sav"

（1）定义匹配个案的依据（Define Matching Cases by）：用于从左边的变量列表框中选择希望查找重复值的一个或多个变量。本例将药品名称、规格、厂商三个变量送入此框中。

（2）匹配组内的排序依据（Sort Within Matching Groups by）：用于指定重复记录依据哪个变量排列。本例将进货日期送入此框，并选择排序方式为升序（Ascending）。

以下各选项的设置，本例均按系统默认进行（见图 3-6）。

（1）主个案指示符（Indicator of Primary Cases）：设置将第一条还是最后一条重复记录设为主记录。每组中的最后一个个案为基本个案（Last Cases in Each Group Is Primary）：将每组最后一条重复记录设为主记录；每组中的第一个个案为主个案（First Cases in Each Group is Primary）：将每组第一条重复记录设为主记录。

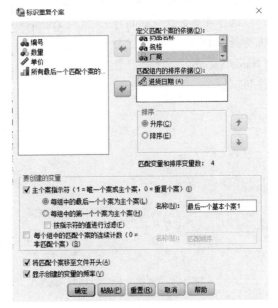

图 3-6 标识重复个案
（Identifying Duplicate Cases）对话框

（2）按指示符的值进行过滤（Filter by Indicator Values）：设置是否在重复记录的记录号上显示斜线（滤掉）。

（3）每个组的匹配个案的连续计数（Sequential Count of Matching Cases）：设置是否为重复记录编制流水号。

（4）将匹配个案移至文件开头（Move Matching Cases to the Top of the File）：将重复记录置于数据文件顶部。

（5）显示创建的变量的频率（Display Frequencies for Created Variables）：在结果文件中给出重复标识变量的频数表。

设置完毕，单击确定（OK）按钮。在数据文件中，系统自动生成变量"Primary Last"，其值为 0，表示该记录为重复记录；其值为 1，表示该记录为主记录。药品名称、规格、厂商相同的记录又按进货日期的升序进行了排列。在结果窗口中还会给出重复记录查找的汇总信息。

3.4.4　数据的转置

在数据分析过程中，有时需要对数据进行行列转换，以满足分析的特殊需求。SPSS中使用菜单数据（Data）→转置（Transpose）来完成行列转置。

【例3-4】　将数据文件"L3-7. sav"（见图3-7）中的数据进行行列转置。

解： 打开数据文件"L3-7. sav"。

选择菜单数据（Data）→转置（Transpose），弹出转置（Transpose）对话框（见图3-8），将变量试验组、对照组送入变量［Variable（s）］框中；将变量疗效送入名称变量（Name Variable）框中，则疗效的值将作为行列转置后新变量的名称。单击确定（OK）按钮。

	🅰️疗效	🔵实验组	🔵对照组
1	有效	29	9
2	无效	7	28
3	合计	36	37

图3-7　数据文件"L3-7. sav"　　　　图3-8　转置（Transpose）对话框

转置结果如图3-9所示。从转置结果可见，变量疗效的值作为新变量的名称，系统自动添加了一个新变量名"CASE_ LBL"，该变量包含原数据的变量名。注意：未被选中的变量在转置后将会被遗失，且字符型变量不能被正确转换，转置后将变为系统缺失值。

	🅰️CASE_LBL	✏️有效	✏️无效	✏️合计
1	实验组	29.00	7.00	36.00
2	对照组	9.00	28.00	37.00

图3-9　行列转置后的结果

3.4.5　变量加权

当数据文件中存在有大量相同的变量值时，增加一个频数变量来表示相同变量值出现的频数，可带来很大的便利，变量加权就可用于设定某个变量为频数变量。如果希望在计算过程中利用变量对数据进行加权处理，也可使用变量加权功能。

【例 3-5】 将数据文件"L3-8. sav"（见图 3-10）中变量"频数"设置为频率变量。

解： 打开数据文件"L3-8. sav"。

选择菜单数据（Data）→个案加权（Weight Cases），弹出个案加权（Weight Cases）对话框（见图 3-11）。不对个案加权（Do Not Weight Cases）：不对数据进行加权，为系统默认；个案加权依据（Weight Cases by）：进行加权处理。本例选中后者，将频率变量"频数"送入频数（Frequency）框中，作为加权变量。单击确定（OK）按钮，即可完成变量加权。

	🖉 身高	🖉 频数
1	178	4
2	177	6
3	176	9
4	175	7
5	174	4

图 3-10　数据文件"L3-8. sav"　　图 3-11　个案加权（Weight Cases）对话框

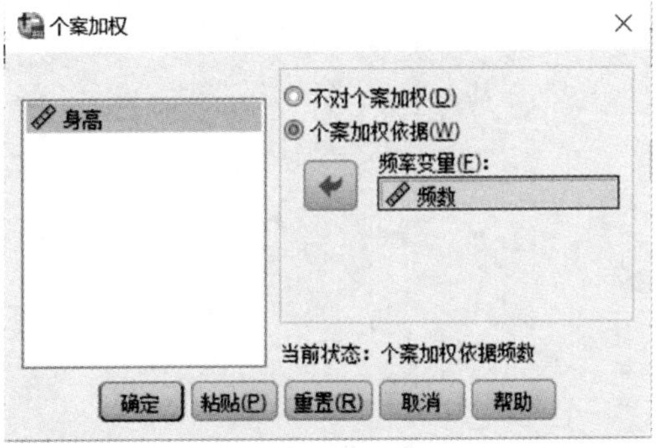

对数据进行加权处理后，数据窗口右下角会显示权重开启（Weight On），在以后的数据分析中加权处理会一直有效，直到取消加权处理。

3.4.6　数据文件合并

SPSS 中合并数据文件是指将一个（或多个）已存储在磁盘上的 SPSS 数据文件分别依次与 SPSS 数据编辑窗口中的数据合并。SPSS 提供了两种合并数据文件的方式，分别是纵向合并和横向合并。

3.4.6.1　纵向合并数据文件

【例 3-6】 有两份关于职工基本情况的 SPSS 数据文件，数据文件名分别为"职工数据. sav"和"追加职工. sav"。现需要将这两份数据合并到一起（见图 3-12 和图 3-13）。

纵向合并数据文件的基本操作步骤如下：

第一步：在数据编辑窗口中打开一个需合并的 SPSS 数据文件。

第二步：选择菜单数据（Data）→合并文件（Merge File）→添加个案（Add Cases），然后输入一个已存在于磁盘上的需进行纵向合并处理的 SPSS 数据文件名，随后将显示如图 3-14 所示的窗口。

	z g h	xb	nl	sr	zc	xl	bx
1	001	1	48	1014.00	1	1.00	12.00
2	002	1	49	984.00	2	2.00	9.00
3	003	1	54	1044.00	1	3.00	13.00
4	004	1	41	866.00	3	3.00	8.00
5	005	1	38	848.00	3	1.00	8.00
6	006	2	41	824.00	4	3.00	7.00
7	007	2	42	824.00	4	3.00	7.00
8	008	2	41	824.00	4	3.00	7.00
9	009	2	42	859.00	2	2.00	8.00
10	010	1	35	827.00	3	1.00	7.00
11	011	1	56	1014.00	1	2.00	12.00
12	012	1	59	989.00	2	2.00	9.00
13	013	1	59	938.00	3	4.00	8.00
14	014	1	41	889.00	2	1.00	8.00
15	015	1	55	887.00	3	4.00	8.00
16	016	1	45	887.00	3	4.00	8.00

图 3-12　职工基本情况数据

	z g h	xb	zc1	income
1	017	2	1.00	570.00
2	018	1	1.00	400.34
3	019	2	2.00	690.00
4	020	1	2.00	1003.00
5	015	1	3.00	520.00

图 3-13　其他职工的基本情况

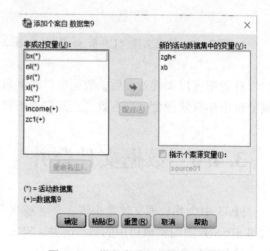

图 3-14　纵向合并数据文件对话框

第三步：新的活动数据集中的变量框中显示的变量名是两个数据文件中的同名变量，SPSS 默认它们有相同的数据含义，并将它们作为合并后新数据文件中的变量。

第四步：非成对变量框中显示的变量名是两个文件中的不同变量名。其中，变量名后面的"（＊）"表示该变量是当前数据编辑窗口中的变量，"（＋）"表示该变量是第二步中指定的磁盘文件中的变量。

第五步：如果希望在合并后的数据文件中看出哪些个案来自合并前的哪个 SPSS 数据文件，可以选择将个案源表示为变量项。

纵向合并后的结果见图 3-15。

	z a g h	xb	nl	sr	xl	bx
1	001	1	48	1014.00	1.00	12.00
2	002	1	49	984.00	2.00	9.00
3	003	1	54	1044.00	3.00	13.00
4	004	1	41	866.00	3.00	8.00
5	005	1	38	848.00	1.00	8.00
6	006	2	41	824.00	3.00	7.00
7	007	2	42	824.00	3.00	7.00
8	008	2	41	824.00	3.00	7.00
9	009	2	42	859.00	2.00	7.00
10	010	1	35	827.00	1.00	7.00
11	011	1	56	1014.00	2.00	12.00
12	012	1	59	989.00	2.00	9.00
13	013	1	59	938.00	4.00	8.00
14	014	1	41	889.00	1.00	8.00
15	015	1	55	887.00	4.00	8.00
16	016	1	45	887.00	4.00	8.00
17	017	2				
18	018	1				
19	019	2				

图 3-15　纵向合并后的职工基本情况

3.4.6.2　横向合并数据文件

横向合并数据文件就是将数据编辑窗口中的数据与另一个 SPSS 数据文件中的数据进行左右对接，即将一个 SPSS 数据文件的内容拼到数据编辑窗口中当前数据的右边，依据两个数据文件中的个案进行数据对接。

【例 3-7】　有两份关于职工基本情况的 SPSS 数据文件，文件名分别为"职工数据. sav"和"职工奖金. sav"，现需要将这两份数据文件合并（见图 3-12 和图 3-16）。

横向合并数据文件的基本操作步骤如下：

第一步：在数据编辑窗口中打开一个需合并的 SPSS 数据文件。

第二步：选择菜单数据（Data）→合并文件（Merge File）→添加变量（Add Variables），然后输入一个已存在于磁盘上的需进行横向合并处理的 SPSS 数据文件名，随后将显示如图 3-17 所示的窗口。

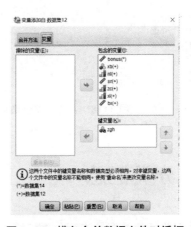

	z a g h	bonus
1	001	1000.00
2	003	2000.00
3	004	1200.00
4	007	1400.00
5	010	2000.00
6	016	1500.00
7	040	2000.00

图 3-16　职工的奖金情况　　　图 3-17　横向合并数据文件对话框

第三步：两个待合并数据文件中的所有变量名均显示在新的活动数据集框中，SPSS默认这些变量均以原有变量名进入合并后的新数据文件中。其中，变量名后面的"(*)"表示该变量是当前数据编辑窗口中的变量，"(+)"表示该变量是第二步中指定的磁盘文件中的变量。

第四步：如果两个待合并的数据文件中的个案数据是按顺序一一对应的，则此时可直接按确定（OK）按钮完成合并工作。否则，进行第五步。

第五步：两个待合并数据文件中共有的变量名会自动显示在排除的变量框中。选择按照排序文件中的关键变量匹配个案项，并从排除的变量框中选出关键变量。

第六步：指定提供合并数据的方式。SPSS有三种数据提供方式：

一是两个文件都提供个案是默认的方式，指合并后的数据由原来两个数据文件共同提供，即由原来两个数据文件中的个案共同组成合并后的数据文件。

二是非活动数据集为基于关键字的表，指在数据编辑窗口中的数据基础之上，将第二个数据文件中的其他变量合并进来，即合并数据文件中的个案仅是第二个数据文件中的个案。

三是活动数据集为基于关键字的表，指在第二个数据文件的基础之上，将数据编辑窗口中的其他变量合并起来，即合并后数据文件中的个案仅是第二个数据文件中的个案。

第七步：如果希望在合并后的数据文件中看出哪些个案来自合并前的哪个SPSS数据文件，可以选择将个案源表示为变量项。

横向合并后的结果参见图3-18。

	zgh	bonus	xb	nl	sr	zc	xl	bx
1	001	1000.00	1	48	1014.00	1	1.00	12.00
2	002		1	49	984.00	2	2.00	9.00
3	003	2000.00	1	54	1044.00	1	3.00	13.00
4	004	1200.00	1	41	866.00	3	3.00	8.00
5	005		1	38	848.00	3	1.00	8.00
6	006		2	41	824.00	4	3.00	7.00
7	007	1400.00	2	42	824.00	4	3.00	7.00
8	008		2	41	824.00	4	3.00	7.00
9	009		2	42	859.00	2	2.00	8.00
10	010	2000.00	1	35	827.00	3	1.00	7.00
11	011		1	56	1014.00	1	2.00	12.00
12	012		1	59	989.00	2	2.00	9.00
13	013		1	59	938.00	3	4.00	8.00
14	014		1	41	889.00	2	1.00	8.00
15	015		1	55	887.00	3	4.00	8.00
16	016	1500.00	1	45	887.00	3	4.00	8.00
17	040	2000.00						

图3-18　合并了奖金数据后的职工基本情况

3.4.7　分类汇总

分类汇总是按照某分类变量进行分类计算。

【例 3-8】　利用数据"住房状况调查．sav"，分析本市户口家庭和外地户口家庭目前人均住房面积的平均值是否有较大差距，未来打算购买住房的平均面积是否有较大差距。

SPSS 分类汇总的基本操作步骤如下：

第一步：选择菜单数据（Data）→分类汇总（Aggregate）。

第二步：指定分类变量到分组变量框中，并指定汇总变量，如图 3-19 所示。

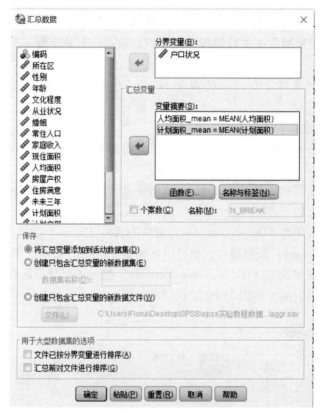

图 3-19　汇总数据对话框

第三步：按函数按钮指定对汇总变量计算哪些统计量。SPSS 默认计算均值。

第四步：指定将分类汇总结果保存到何处。

第五步：将名称与标签按钮重新指定汇总结果中的变量名或加变量名标签。SPSS 默认的变量名为原变量名后加"_"函数名。

第六步：如果希望在结果文件中保存各分类组的个案数，则选择个案数选项。

分类汇总的结果参见表 3-1。

表 3-1　不同户口住房面积分类汇总结果

户口状况	人均面积均值（平方米）	计划面积均值（平方米）	样本量（人）
本市户口	21.73	101.99	2825
外地户口	26.72	96.14	168

由表 3-1 可知，本市户口和外地户口目前人均面积均值存在一些差异，而计划面积均值差异并不大。

3.4.8　数据分组

数据分组是根据统计分析的需要，将数据按照某种标准重新划分为不同的组别。

数据分组是对定矩型数据进行整理和粗略把握数据分布的重要工具，因而在实际数据分析中经常使用。

【例 3-9】　利用数据"住房状况调查. sav"，分析被调查家庭人均住房面积的分布特征。

SPSS 组距分组的基本操作步骤如下：

第一步：选择菜单转换（Transform）→重新编码为不同变量（Recode into Different Variables）。

第二步：选择分组变量到数字变量->输出变量（Numeric Variable->Output Variable）框中。

第三步：在输出变量（Output Variable）框中的名称（Name）后输入存放分组结果的变量名，并按更改（Change）按钮确认，也可以在标签（Label）后输入相应的变量名标签。

第四步：按旧值和新值（Old and New Variable）按钮进行分组区间定义。应根据分析要求逐个定义各分组区间，如图 3-20 所示。

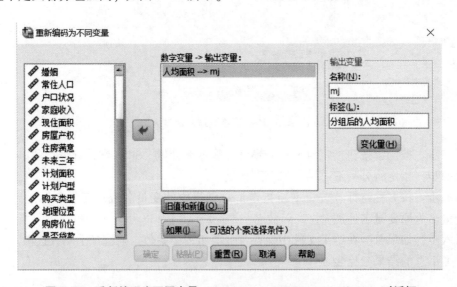

图 3-20　重新编码为不同变量（Recode into Different Variables）对话框

第五步：如果仅对符合一定条件的个案分组，则按如果（If）按钮并输入 SPSS 条件表达式。分组结果略。

3.4.9　数据拆分

SPSS 的数据拆分与数据排序很相似，但不同的是数据拆分不仅是按指定变量对数据进行简单排序，更重要的是根据指定变量对数据进行分组，它将为以后所进行的分组统计分析提供便利。

【例 3-10】　利用数据"职工数据.sav"进行数据拆分。

SPSS 数据拆分的基本操作步骤如下：

第一步：选择菜单数据（Data）→拆分文件（Split File），出现如图 3-21 所示的对话框。

第二步：选择拆分变量到分组方式（Group Based on）框中。

第三步：拆分会使后面的分组统计产生两种不同格式的结果。其中比较组表示将分组统计结果输出在同一张表格中，它便于不同组之间的比较；按组来组织输出表示将分组统计结果分别输出在不同的表格中。通常选择第一种输出方式。

图 3-21　拆分文件（Split File）对话框

第四步：如果数据编辑窗口中的数据已经事先按所指定的拆分变量进行了排序，则可以选择文件已排序项，它可以提供拆分执行的速度；否则选择按分组变量进行文件排序项。

3.4.10　计数

【例 3-11】　利用"住房状况调查.sav"的住房状况调查数据，分析被调查家庭中有多少比例的家庭对目前的住房满意且近几年不准备购买住房。

从调查数据看，对目前住房是否满意的调查结果存放在"住房满意"变量中，取值为 1 表示满意；今后三年是否准备买房的调查结果存放在"未来三年"变量中，取值为 1 表示不准备购买住房。根据数据的这些特点，首先采用计数功能进行简单计数计算。

SPSS 计数的基本操作步骤如下：

第一步：选择菜单转换→计算个案中值的出现次数，参见图 3-22。

第二步：选择参与计数的变量到数字变量框中。这里，选择参与计数的变量有"住房满意"和"未来三年"。

第三步：在目标变量框中输入存放计数结果的变量名，并在目标标签框中输入相应的变量名标签。这里，存放计数结果的变量名为"gs"。

第四步：按定义值按钮定义计数区间，出现如图 3-23 所示的对话框，通过添加更改除去按钮完成计数区间的增加、修改和删除。这里，计数区间定义为值并输入 1。

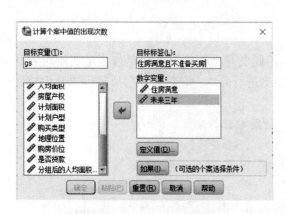

图 3-22　案例的计数对话框

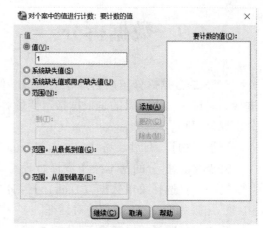

图 3-23　计数区间定义对话框

第五步：如果仅希望对满足某条件的个案进行计数，则按如果按钮并输入相应的 SPSS 条件表达式。否则，本步可略。

至此，SPSS 便可依据用户定义和选择的情况进行计数。SPSS 将对所有个案计算"住房满意"和"未来三年"这两个变量中有几个取 1，并将结果放在 gs 变量中。如果某个家庭的计数结果为 1，则表示该家庭对目前住房满意且不计划买房。

进一步，可以计算计数值为 1 的家庭数占总个案数的百分比，进而分析被调查家庭的整体住房状况。

3.5　实验小结

本章介绍了数据文件的一些常用操作，如排序变量、记录选择、查询重复记录、数据转置、分类汇总、数据分组和数据拆分等，这些操作可以帮助我们更好地整理数据文件，为统计处理做好准备。

 练习题

1. 测得 15 位高血压患者舒张压如下：

13.6，14.9，17.2，17.3，16.5，14.2，14.5，14.6，17.5，13.9，16.8，16.1，15.6，17.1，13.8

试将其建成 SPSS 数据文件并将这 15 人随机等分为 3 组。

2. 在数据文件"tables. sav"中选择所有年龄在 60 岁以下（含 60 岁）或 70 岁以上（含 70 岁）的男性。

3. 用分类汇总计算"xuelin. sav"中两组的血磷值标准差。

4. 在数据文件"tables. sav"中增加一个变量"dj",其值为 wenhua 与 income 之和;再增加一个分类变量"g",男性未受过高等教育的为第 1 类,女性未受过高等教育的为第 2 类,男性受过高等教育的为第 3 类,女性受过高等教育的为第 4 类。

5. 在数据文件"tables. sav"中增加一个变量"wh",文化程度为高中及以下者 wh = 1,文化程度为大学以上者 wh = 2。

6. 在数据文件"tables. sav"中,根据变量"age"的大小将 case 等分为 4 组,并观察产生的分组变量各个取值的频数。

参考文献

薛薇. 基于 SPSS 的数据分析(第二版)[M]. 北京:中国人民大学出版社,2011.

实验 4

数据的图形展示

4.1　实验目的

掌握条形图、线形图、散点图、直方图、饼图等常用统计图的绘制方法与技巧。

4.2　实验原理

图形菜单是 SPSS 中专门用于统计绘图的工具（见图 4-1），当然，有一些统计分析模块本身也可生成一些统计图，例如探索菜单中的绘制选项即可生成茎叶图和直方图，这些图与相应的统计过程关系密切，而且一般是结合相应的统计分析来解释的，因此都在相应的章节中介绍，不作为本章内容。本章着重介绍图形菜单中的统计图功能。

图 4-1　图形子菜单

4.2.1　使用图表构建器创建图表

打开图表构建器如图 4-2 所示。
通过基本元素创建图表如图 4-3 所示。

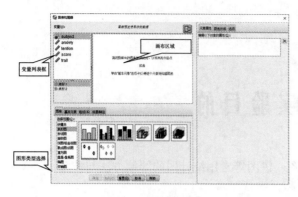

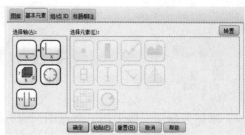

图 4-2　图表构建器　　　　　　　　　　　图 4-3　基本元素

（1）准备数据。

打开数据集文件"anxiety. sav"。

（2）打开图表构建程序对话框。

选择菜单：图形→图表构建程序。

（3）选择图库。

选择图库选项卡，双击"条（B）"类别中的"简单条形图"图标或者直接将"简单条形图"图标拖到画布区域。

（4）设置图表变量。

在变量列表框中选择"subject"，将其拖到画布中"是否为 X 轴?"蓝色（电脑中显示）虚线框中作为条形图的 X 分类轴变量。将"指标值"拖放到"计数"蓝色（电脑中显示）虚线框中作为 Y 轴。将"指标"拖放到画布右上角的"X 轴上的分群：设置颜色"蓝色（电脑中显示）虚线框中（见图4-4）。

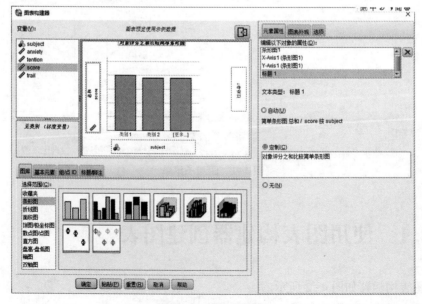

图 4-4　简单条形图

（5）设置元素属性（见图 4-5）。

（6）设置标题。选择标题/脚注选项卡，选中"标题 1"，在"元素属性"窗口设置文本内容为"对象评分之和比较简单条形图"。

（7）查看及解读运行结果（见图 4-6）。

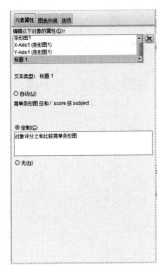

图 4-5　元素属性

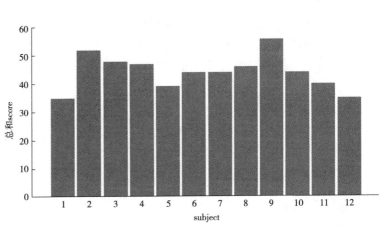

图 4-6　对象评分之和比较简单条形图

4.2.2　使用图形画板模板选择程序创建

（1）准备数据。

打开数据集文件"anxiety. sav"。

（2）打开图形画板模板选择程序对话框。

选择菜单：图形→图形画板模板选择程序（见图 4-7）。

（3）设置参数及选项。

选择条形图，类别（即 X 轴）设置为 subject，值（即 Y 轴）设置为"指标值"，摘要为"和"，面板横跨设置为"指标"。

（4）输出结果（略）。

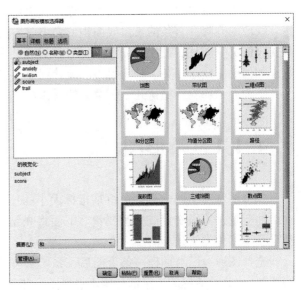

图 4-7　图形画板模板选择程序

4.2.3　使用旧对话框创建

旧对话框方式是 SPSS 在版本更新过程中，为照顾老用户的使用习惯，而保留的一种图形创建方式。

该方式将每一类图表的创建对应于一个菜单项，通过菜单项打开对应的对话框，进行图形子类、参数和选项等设置，创建相应的图表。

用旧对话框的方式可以绘制多种统计表，包括条形图、线图、饼图、箱图、直方图以及 3D 图等，每种图表的创建方法大同小异。

4.3　实　验　数　据

实验数据参见具体的实验过程。

4.4　实　验　过　程

SPSS 的图形展示过程包含在图形（Graph）菜单中，图形的下级菜单（见图 4-1）中常用的类型有：条形图、线图、面积图、饼图、箱图、散点图/点图和直方图等。作为统计描述的重要方法之一，统计图的特点是简明生动、形象具体和通俗易懂。它通过点的位置、线段的升降、直条的长短或面积的大小等方法来表现事物的数量关系，使用统计图代替冗长的文字叙述，往往可以大大提升统计报告的可读性，达到事半功倍的效果。因此，掌握如何绘制图形精美、种类得当的统计图显得极为重要。

下面介绍旧对话框这几个子菜单的操作：

4.4.1　条形图

条形图常用于两个或多个组某指标大小的比较，该指标可以是连续性变量、等级变量或分类变量。下面将介绍如何绘制不同数据类型及不同种类的条形图。

选择图形→旧对话框→条形图后，系统会弹出一个对话框（见图 4-8）。此对话框的上半部分用于选择条形图类型，下半部分的图表中的数据为单选框组用于定义条形图中数据的表达类型。

图 4-8　条形图对话框

4.4.1.1 条形图类型

SPSS 提供三种可选的条形图类型，依次是：

（1）简单条形图，又称单式条形图，多用于表现单个指标的大小。

（2）簇状条形图，又称复式条形图，用于表现两个或多个指标。

（3）堆积条形图，又称分段条形图，可用于表现每个直条中某个因素各水平的构成情况。

4.4.1.2 图表中的数据为单选框组

4.4.1.2.1 统计图中数据的表达类型

统计图中数据的表达类型，有以下三种类型：

（1）个案组摘要。条形图反映了按同一变量取值不同作分组汇总。这种模式对应分类变量中的每一种类观测量生成一个简单条形图。

（2）单独变量的摘要。条形图反映了按照不同变量的汇总。对应每个变量生成一个直条，至少需要两个或两个以上的变量生成相应的条形图。

（3）单个个案的值。条形图反映了个体观察值。对应分类轴变量中每一观测值生成一个直条。

4.4.1.2.2 绘制步骤

（1）绘制简单条形图。

【例 4-1】 在 SPSS 自带数据集"anxiety. sav"中分不同的 subject 对变量 score 值（之和）绘制条形图。

在条形图对话框中选择简单条形图，并在表达类型中选择个案组摘要，即对记录的分组汇总，选好后单击定义按钮，打开定义简单条形图对话框（见图 4-9）。

从变量列表中选择"subject"添加到"类别轴"文本框。

1）条的表征单选框组。条形表示单选框组，用于定义条形图中直条所代表的含义，各选项的含义如下：

①个案数：按记录个数汇总。

②累积数量：按累计记录数汇总。

③个案数百分比：按记录数所占百分比汇总。

④累积百分比：按记录数所占累计百分比汇总。

如果以上几种还不能满足要求的话，可以选择其他统计量，然后单击更改统计量按钮进行统计量的详细定义。

在【例 4-1】中要对变量 score 值（之和）绘图，因此在条的表征选项组中，选择其他统计量单选项，激活下面的变量框，把 score 变量选入下方的变量框，并单击下面的更改统计量按钮，统计对话框如图 4-10 所示。

图4-9　简单条形图对话框

图4-10　统计对话框

统计对话框中列出了更多的统计量,有均值、标准差、中位数、方差、众数、最大值、最小值、个案数、值的总和、累计求和。

2)类别轴。条形图的横轴,用于选择所需的分类变量,根据需要将 subject 选入。

3)模板。用于选择所用的统计图模板来源,单击模板选项打开文件列表窗口,拉动滚动条从中选择,一般较少用。

单击确定选项,绘制的统计图如图4-11所示。

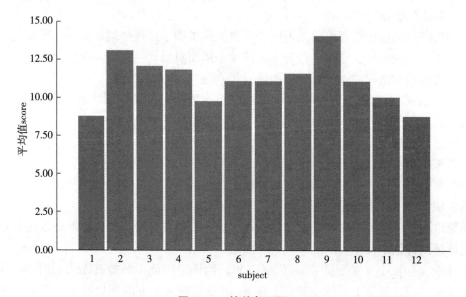

图4-11　简单条形图

图表创建好后，可以在结果浏览窗口里双击图表，启动图表编辑器，可进一步编辑图表（见图 4-12）。

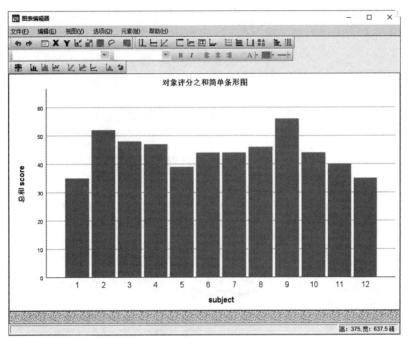

图 4-12　图表编辑器

图表基本设定包括：

第一，选择、移动图表元素和调整图表元素的大小。

鼠标点击图表元素选择；Tab 键进行轮换选择；Ctrl 键+鼠标进行多个元素选择；十字箭头——移动元素；双头箭头——调整元素大小。

第二，更改图表的外观。

文本的内容、大小、字体、颜色和布局；填充和边框样式；标记样式；各种线、条、饼等图形元素的样式；轴标题、刻度标记和刻度标记标签、网格线、数字、日期格式等。

第三，在图表中添加和更改文本。

文本框、标题、脚注、注释主要通过"选项"菜单和工具栏完成添加，光标会在默认文本中闪烁，此时可以直接输入编辑文本。

第四，数据标签由"元素"菜单下的"数据标签模式"进行添加和取消。

在"属性"窗口中对上述对象的文本及边框的外观进行设置。

（2）绘制簇状条形图。

簇状条形图是指两条或两条以上小直条组成条组的条形图，各条组之间有间隙。组内小条之间无间隙。

【例 4-2】　在 SPSS 自带数据集"anxiety. sav"中分不同的 subject 对变量 score 值（之和）绘制条形图，并且按变量 trial 的不同取值分类。具体操作步骤参见图 4-13、图 4-14，结果参见图 4-15。

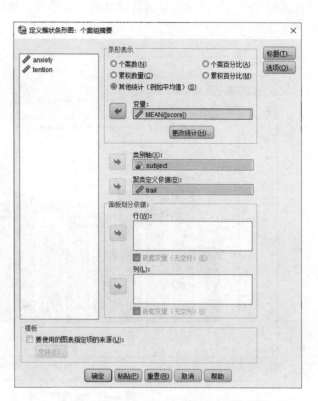

图4-13　条形图对话框　　　　图4-14　定义簇状条形图对话框

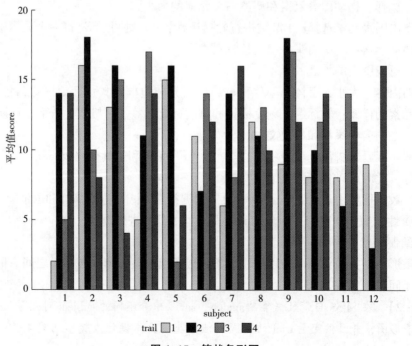

图4-15　簇状条形图

（3）绘制堆积条形图。

堆积条形图，也称分段条形图，它是以条形的全长代表某个变量的整体。各分段的长短代表各组成部分在整体中所占比例的统计图，每一段之间没有间隙，并用不同线条或颜色表示。

【例 4-3】　在 SPSS 自带数据集"anxiety. sav"中分不同的 subject 对变量 score 值（之和）绘制条形图，并且按变量 trial 的不同取值堆积（分段）。具体操作步骤参见图 4-16，结果参见图 4-17。

图 4-16　定义堆积条形图对话框

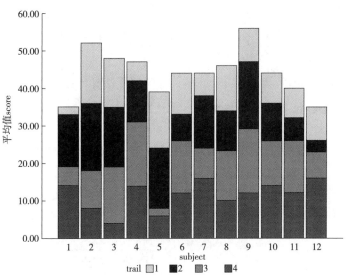

图 4-17　堆积条形图

4.4.2　折线图

折线图是用线段的升降来表示数值的变化，可用于描述某统计变量随另一连续变量变化而变化的趋势，如图 4-18 所示，SPSS 中的折线图可分为简单折线图、多线折线图和垂线折线图三类，前两者可分别对应于简单条形图和簇状条形图。

（1）简单折线图。

【例 4-4】　1949～2011 年全国人口数及构成数据已建立数据文件"population. sav"，试绘制总人口数的简单折线图。

解：打开【例 4-4】中建立的 SPSS 数据文件"population. sav"。具体操作参见图 4-19。

得到简单折线图，如图 4-20 所示。

图 4-18　折线图对话框

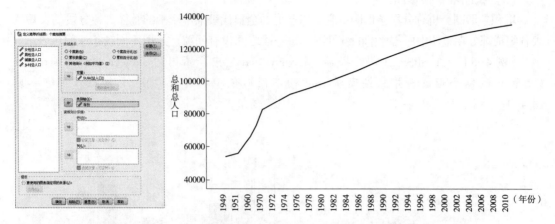

图4-19　定义简单折线图　　　　　　　　　　图4-20　简单折线图

从图4-20可知，改革开放以后，全国总人口数呈持续增长的趋势。

（2）多线折线图。

【例4-5】　1949~2011年全国人口数及构成数据已建立数据文件"population. sav"，试绘制不同性别人口数的多线折线图。具体操作参见图4-21、图4-22。

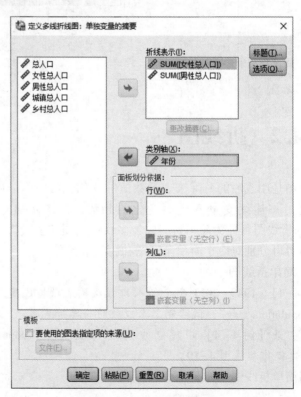

图4-21　多线折线图　　　　　　　　　图4-22　定义多线折线图

由图 4-23 可知，改革开放以来，人口数量呈持续增长，男性人口数比女性人口数多。

图 4-23 多线折线图

（3）垂线折线图。

垂线折线图可反映某些现象在同一时期内的差距或各种数据在各分类中所占比重。

【例 4-6】 1949~2011 年全国人口数及构成数据已建立数据文件"population. sav"，试绘制城镇和乡村的垂线折线图。具体操作参见图 4-24、图 4-25。

图 4-24 垂线折线图

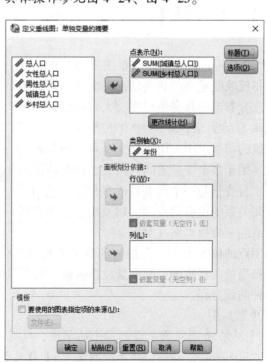

图 4-25 定义垂线图

由图 4-26 可知，改革开放以来，城镇总人口数呈持续增长趋势，而乡村人口数则稳中略降，全中国总人口数的城乡差别在缩小。

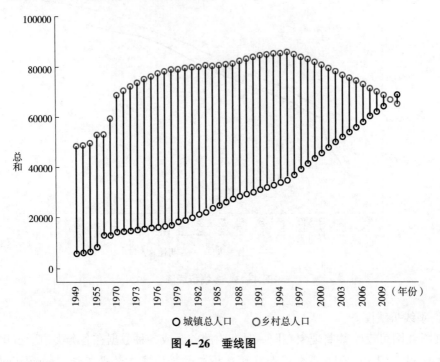

图 4-26　垂线图

4.4.3　散点图

散点图（Scatterplots）又称散布图或相关图，它是以点的分布反映变量之间相关情况的统计图形，根据图中的各点分布走向和密集程度，大致可以判断变量之间协变关系的类型。SPSS 中有五种散点图，即用于一个变量的简单点图、用于两个变量之间关系的简单散点图、用于多个变量之间两两关系的矩阵散点图、用于多个自变量与一个因变量或多个因变量与一个自变量之间关系的重叠散点图，以及用于三个变量之间综合关系的三维散点图（见图 4-27）。

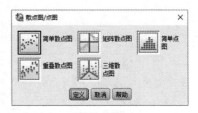

图 4-27　散点图/点图（简单散点图）对话框

散点图用点的位置表示两变量间的数量关系和变化趋势，如果有自变量和因变量之分，一般将自变量放在横轴，因变量放在纵轴。散点图可以判断是否值得进行线性回归分析或拟合何种曲线方程。

（1）简单散点图。

【例 4-7】 有 50 个从初中升到高中的学生，现有他们在初三和高一的各科平均成绩的数据文件"highschool. sav"，要求绘制变量 s1 与变量 j3 之间相关的散点图。具体操作步骤参见图 4-28。

由图 4-29 可知，初三时成绩相对较高的学生，在高一时成绩也较高。

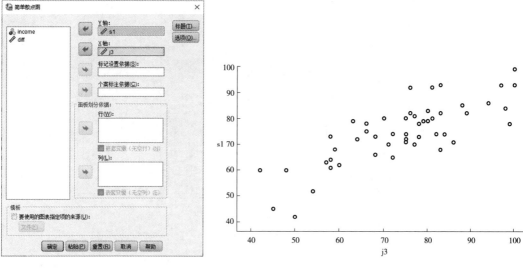

图 4-28　简单散点图主对话框

图 4-29　简单散点图

（2）简单点图。

【例 4-8】　现有某地 29 名 13 岁男童身高（cm）、体重（kg）和肺活量（mL）的数据文件"lung.sav"，试绘制身高、体重与肺活量的重叠散点图。具体操作步骤参见图 4-30、图 4-31。

图 4-30　散点图/点图（简单点图）对话框

图 4-31　定义简单点图主对话框

不同年龄段儿童的体重分布情况如图 4-32 所示。

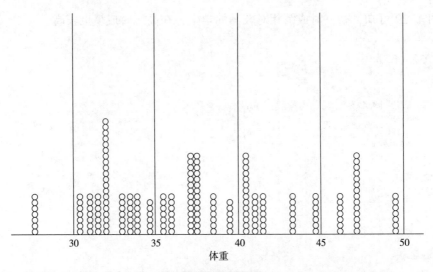

图 4-32　简单点图

4.4.4　面积图

面积图又称区域图，是用线段下的阴影面积来强调现象变化的统计图。

（1）简单面积图。

【例4-9】　1978~2011年人口出生率、死亡率和自然增长率（‰），已建立数据文件"nature. sav"，试绘制历年人口自然增长率的简单面积图。具体操作步骤参见图4-33、图4-34。

图 4-33　面积图（简单）对话框

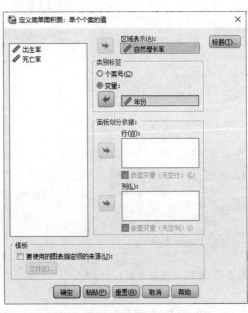

图 4-34　定义简单面积图主对话框

由图 4-35 可知，人口自然增长率在 1978~1987 年缓慢上升，1987 年开始呈逐渐下降趋势。

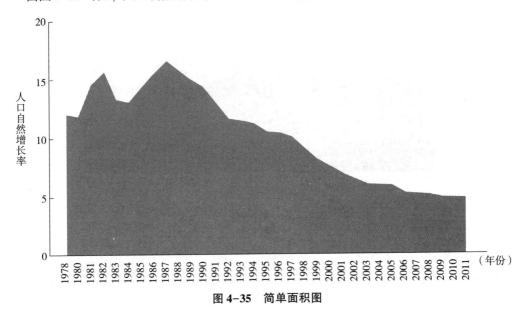

图 4-35　简单面积图

（2）堆积面积图。

【例 4-10】　1978~2011 年人口出生率、死亡率和自然增长率（‰），已建立数据文件"nature. sav"，试绘制人口出生率、死亡率的堆积面积图。具体操作步骤参见图 4-36、图 4-37。

图 4-36　面积图（堆积）对话框

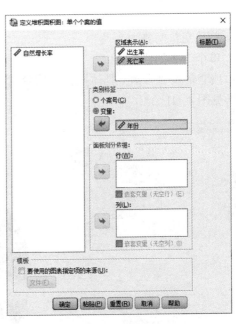

图 4-37　定义堆积面积图主对话框

由图 4-38 可知，全国人口出生率自 1988 年开始逐步下降，而人口死亡率则保持平稳趋势，人口出生率比人口死亡率高。因此，人口自然增长率和人口出生率的变化规律一致。

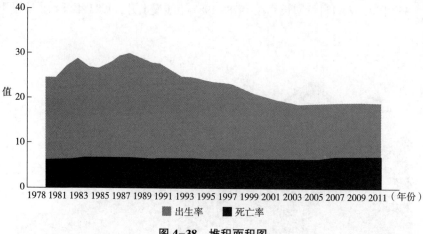

图 4-38　堆积面积图

4.4.5　饼图

饼图又称圆图，以圆面积为 100%，圆内扇形面积为各部分所占百分比，用于表示全体中各部分构成。

【例4-11】　北京 2004 年城区及近郊户籍人口有数据文件"sub-urbs. sav"，试以饼图来反映北京城区及近郊户籍人口比例关系。

（1）个案组摘要。

（2）单独变量摘要。

（3）单个个案的值。

以单独变量摘要为例，具体操作步骤参见图 4-39、图 4-40，绘制结果参见图 4-41。

图 4-39　饼图对话框

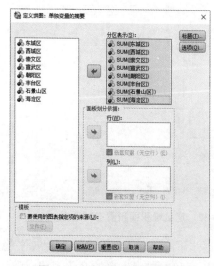

图 4-40　定义饼图主对话框

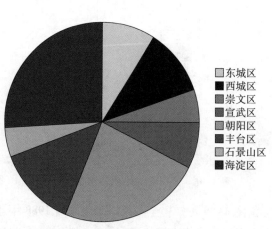

图 4-41　饼图

4.4.6　箱图

箱图又称为箱线图，常用于评估和比较样本分布，它使用五个统计量反映原始数据的分布特征。箱图的箱体两端分别是上、下四分位数，中间横线是中位数，两端连线分别是除异常值之外的最小值和最大值，另外标记的可能是异常值。箱体越长数据变异程度越大，中间横线在箱体中间表明对称分布。

（1）简单箱图。

【例 4-12】　试根据 2011 年我国主要城市的年平均气温，绘制中国南北城市的温度差异的简单箱图。具体操作步骤参见图 4-42、图 4-43，绘制结果参见图 4-44。

图 4-42　箱图（简单）对话框

图 4-43　定义简单箱图主对话框

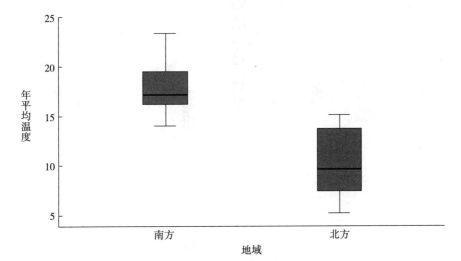

图 4-44　简单箱图

（2）簇状箱图。

【例4-13】 根据30名学生的身高"height. sav"数据文件，试绘制关于身高的各年龄组按性别的簇状箱图。具体操作步骤参见图4-45、图4-46，绘制结果参见图4-47。

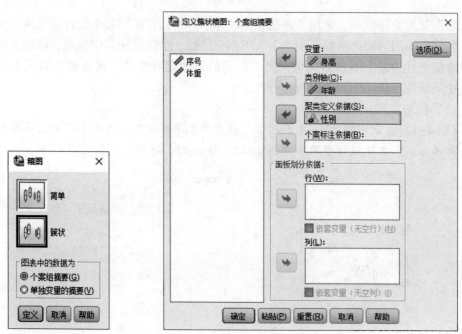

图 4-45　箱图（簇状）对话框　　　　　图 4-46　定义簇状箱图主对话框

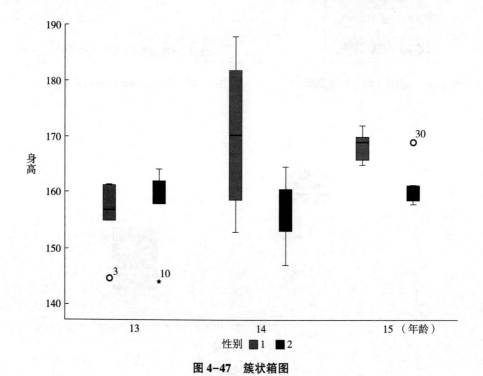

图 4-47　簇状箱图

4.4.7 直方图

以矩形面积表示各组频数的多少，各矩形面积之和相当于各组频数之和。用直方图的长短来表示连续性的绝对数（或频数）资料的多少，直条的宽度表示数据范围的间隔，高度表示在给定间隔内的数据频数。直方图适用于连续型变量。

【例 4-14】 根据 30 名学生的身高"height. sav"数据文件，试绘制身高的直方图。具体操作步骤参见图 4-48，绘制结果参见图 4-49。

图 4-48 直方图主对话框

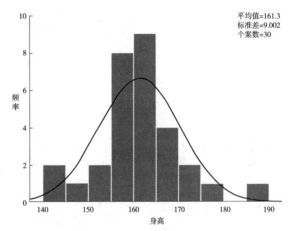

图 4-49 直方图

4.4.8 茎叶图

当数据是两位有效数字时，用中间的数字表示十位数，即第一个有效数字，两边的数字表示个位数，即第二个有效数字，它的中间部分像植物的茎，两边部分像植物茎上长出的叶子，因此，通常把这样的图叫作茎叶图。

【例 4-15】 试根据 2011 年我国主要城市的年平均气温，绘制中国南北城市的温度差异的茎叶图，绘制结果参见图 4-50。

图 4-50 茎叶图

4.4.9　P-P概率图

P-P概率图（P-P Probability Plots）是根据变量的累积概率对应于所指定的理论分布累积概率绘制的散点图，它可以直观地检测样本数据是否与某个概率分布的统计图形一致。如果被检验的数据符合所指定的分布，代表样本数据的点应当呈对角线分布。其对话框如图4-51所示。

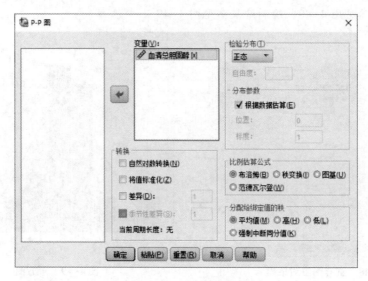

图4-51　P-P图主对话框

（1）变量（Variables）：框中选入被检验的数值型变量，可以依次选入多个变量，则有多个P-P概率图。

（2）检验分布（Test Distribution）：用于指定待检验的分布，有13种概率分布：Beta分布、卡方分布、指数分布、伽玛分布、半正态分布、Logistic分布、对数正态分布、正态分布、Pareto分布、t分布、Weibull分布和均匀分布等。如果选择了t分布，还需要在df自由度参数框中确定自由度。

（3）分布参数（Distribution Parameters）：如果选中根据数据估算（Estimate from Data），则自动从数据中估测参数，并且输出参数；不选择该项，则可自行选择参数，比如正态分布，可以指定它的位置参数和分布参数。

（4）转换（Transform）：转换方式共有自然对数转换、标准化转换、差分和季节差分四种。

（5）比例估计公式：以下公式中n是观测量数目，r是从1至n的秩次。提供了四种计算比例的方法：

1）布洛姆（Bloom）：公式为$(r-3/8)/(n+1/4)$。

2）秩变换（Rankit）：公式为$(r-1/2)/n$。

3）图基（Tukey）：公式为$(r-1/3)/(n+1/3)$。

4）范德瓦尔登（Van der Waerden）：公式为 $r/(n+1)$。

（6）分配给绑定值的秩：有四种方法，分别定义为取值平均、最高、最低和强制中断同分值。

【例 4-16】　现在我们以数据文件"dguchun. sav"为例，用 P-P 概率图检验变量 X 的分布是否服从正态。

如图 4-52 所示，如果数据呈正态分布，则图中数据点应和理论直线（对角线）基本重合，可见数据基本还是在直线上的。

图 4-53 是按正态分布计算的理论值和实际值之差的分布情况，即分布的残差图。如果数据服从正态分布，则数据点应较均匀地分布在 Y=0 这条直线上下，由图 4-53 可知，残差正态评分的绝对值都在 0.6 以内。

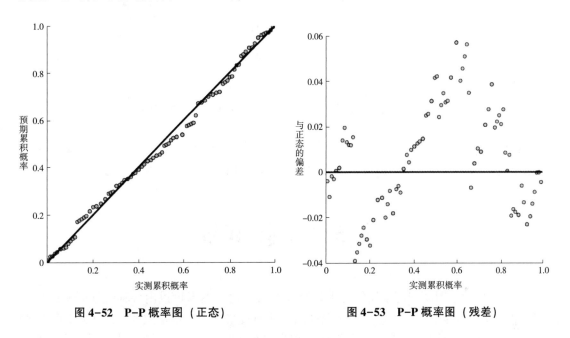

图 4-52　P-P 概率图（正态）　　　　　图 4-53　P-P 概率图（残差）

4.4.10　Q-Q 概率图

Q-Q 概率图与 P-P 概率图的原理和用法基本一致，也可以用于分布的检验，两者所不同的是，Q-Q 概率图采用的是变量数据分布的分位数与所指定分布的分位数之间的曲线来进行检验。

仍以数据文件"dguchun. sav"为例，用 Q-Q 概率图检验变量 X 是否符合正态分布，所绘出的图如图 4-54 和图 4-55 所示。

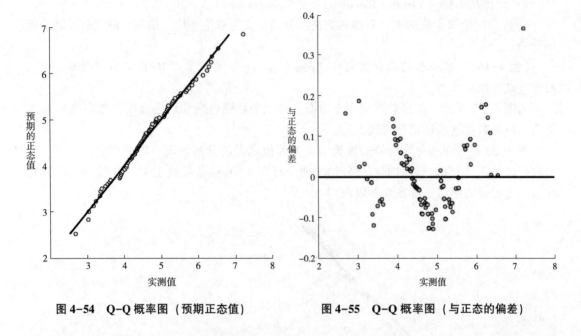

图4-54　Q-Q概率图（预期正态值）　　　图4-55　Q-Q概率图（与正态的偏差）

对比可知，Q-Q概率图的分布和P-P概率图非常类似，实际上，Q-Q概率图和P-P概率图非常接近，只是一个用分布的累积比，另一个用分布的分位数来做检验。

4.5　实验小结

用SPSS的绘图功能可以绘制许多种统计图形，这些图形可以由各种统计分析过程产生，也可以从图形菜单中所包含的一系列图形选项直接产生。本章主要介绍了统计图的绘制方法与技巧，常用统计图有：条形图、线图、面积图、饼图、箱图、散点图、茎叶图和直方图。在实际的统计分析中，统计图具有简单、明了、易于理解和接受的优点，而且便于比较和分析，是重要的统计描述方法。

 练习题

1. 已知20世纪60年代以来我国各类型电影产量的变化数据（见表4-1），要求绘制单个变量分段（堆积）条形图以反映我国电影产量的变化。

表 4-1 我国电影产量的变化数据

年份	电影故事片厂（个）	故事片（部）	美术片（本）	科学教育片（本）	纪录片（本）
1962	16	34	17	94	133
1975	15	27	11	214	313
1985	20	127	45	357	419
1995	30	146	37	40	111
2005	31	140	2	53	6

2. 已知我国改革开放以来部分农业产品产量的变化数据（见表 4-2），试绘制单个变量多线形图来反映其变化。

表 4-2 中国人均农业农产品产量数据　　　　　　　　　　　　　　　单位：kg

年份	粮食	棉花	油料	猪牛羊肉	水产品	牛奶
1978	319	2.3	5.5	9.1	4.9	—
1980	327	2.8	7.8	12.3	4.6	1.2
1985	361	3.9	15.0	16.8	6.7	2.4
1990	393	4.0	14.2	22.1	10.9	3.7
1995	387	4.0	18.7	27.4	20.9	4.6
2000	366	3.5	23.4	37.6	29.4	6.6
2001	356	4.2	22.5	38.0	29.9	8.1
2002	357	3.8	22.6	38.5	30.9	10.2
2003	334	3.8	21.8	39.5	31.6	13.6
2004	362	4.9	23.7	40.4	32.8	17.4
2005	371	4.4	23.6	42.0	33.9	21.1
2006	380	5.7	20.1	42.7	35.0	24.4
2007	381	5.8	19.5	40.1	36.0	26.7
2008	399	5.7	22.3	42.4	37.0	26.8
2009	399	4.8	23.7	44.4	38.4	26.4
2010	409	4.5	24.2	45.8	40.2	26.7
2011	425	4.9	24.6	45.4	41.7	27.2

3. 从某企业 2007 年的员工体检资料中获得 25 名男性员工和 25 名女性员工的血清总胆固醇（mmol/L）的测量结果（见表 4-3）。

（1）试绘制 50 名员工的血清总胆固醇直方图。

（2）试按性别分组绘制员工的血清总胆固醇直方图。

表 4-3　50 名员工的血清总胆固醇

男	女	男	女	男	女	男	女
4.21	3.60	4.52	5.03	5.26	4.91	3.19	3.66
3.95	4.50	4.17	3.26	3.32	4.23	5.13	4.52
4.59	3.30	5.25	2.35	3.92	4.12	5.35	4.78
4.55	4.06	4.95	3.95	4.19	3.55	3.58	3.91
3.51	4.15	2.68	3.98	4.80	4.59		
3.27	4.13	3.41	3.00	4.06	3.78		
4.73	4.28	3.07	4.17	4.36	4.15		

4. 已知某地区 2007 年各季度 5 岁以下儿童死亡原因数据（见表 4-4），试绘制饼图，分析该地区 2007 年第一季度儿童死亡原因的分布。

表 4-4　2007 年各季度 5 岁以下儿童死亡原因

各季度发病例数 疾病类型	第一季度	第二季度	第三季度	第四季度
呼吸系统疾病	41	23	16	36
传染病	29	25	17	21
先天性疾病	18	16	9	12
其他	9	7	4	11

5. 某电子公司从其灯泡产品中随机抽取 200 只，测得其使用小时数数据（见表 4-5），试绘制灯泡寿命的茎叶图。

表 4-5　200 只灯泡样本的可使用小时数

107	73	68	97	76	79	94	49	98	57
54	65	71	80	84	88	62	61	79	98
66	62	79	86	68	74	61	82	65	98
62	116	65	88	64	79	78	79	77	86
74	86	73	80	68	78	89	72	58	69
92	78	88	77	103	88	63	68	88	81
75	90	62	89	71	71	74	70	74	76
65	81	75	62	94	71	85	84	83	63
81	62	79	83	93	61	65	62	92	65
83	70	70	81	77	72	84	67	59	58

续表

78	66	66	94	77	63	66	75	68	76
90	78	71	101	78	43	59	67	61	71
96	75	64	76	72	77	74	65	82	86
66	86	96	89	81	71	85	99	59	92
68	72	77	60	87	84	75	77	51	45
85	67	87	80	84	93	69	76	89	75
83	68	72	67	92	89	82	96	77	102
74	91	76	83	66	68	61	73	72	76
73	77	79	94	63	59	62	71	81	65
73	63	63	89	82	64	85	92	64	73

参考文献

［1］薛薇. 基于 SPSS 的数据分析（第二版）［M］. 北京：中国人民大学出版社，2011.

［2］张文彤. SPSS 11 统计分析教程（基础篇）［M］. 北京：北京希望电子出版社，2002.

实验 5

统计报表

5.1 实 验 目 的

（1）掌握利用 SPSS 软件实现统计报表的 4 个过程，并能够正确解读结果。
（2）掌握统计报表的基本方法并能都正确解读结果。

5.2 实 验 原 理

生成统计报表有以下过程：
（1）OLAP 立方体（Online Analytical Processing，在线分析）。
（2）案例摘要（Case Summaries）。
（3）行摘要（Report Summaries in Rows）。
（4）列摘要（Report Summaries in Columns）。

5.3 实 验 数 据

数据见文件"cars. sav"。

5.4 实 验 过 程

报告（Report）功能主要针对定量资料，旨在产生科研报告的摘要表，同时可计算简单的描述统计量，如均数、中位数、标准差、标准误和方差等。

报告菜单（见图 5-1）一共包含了以下几个过程：

（1）在线分析报告（OLAP 立方体）过程：用于按给定的范围对一个或多个变量做出描述，可以得到一些常用的描述统计量；用于连续型变量，其特点是可以分层变化不同水平的组合进行变量的描述。

（2）观测值汇总报告（Case Summaries）过程：对记录进行汇总，与 OLAP 立方体过程相比，它的功能要强大得多，不仅可以计算描述统计量，还可以分组进行汇总，并能够

图5-1　报告（Reports）菜单

给出详细的记录列表。

（3）行/列汇总报告（Report Summaries in Rows/Columns）过程：这两个过程的功能相似，不过分别是按行和列输出结果。与观测值汇总报告（Case Summaries）过程相比，这两个过程的功能显然又进了一步，它们均可以对输出表格进行精细定义，以满足用户的各种苛刻要求。相比之下，它们用于生成商用报表是最合适的。

5.4.1　OLAP 立方体过程

OLAP 是在线分析处理（Online Analytical Processing）的缩写。所谓的在线分析指的是用快速简单的方式对变量进行描述。OLAP 的优势是它生成的表格为多层表，从而用户可以按需要组织分组变量某个特定水平组合的输出，这在使用类别较多的分组变量时会非常节省输出空间；同时它会按分组变量的有效取值范围自动确定需要分析的记录范围，从而省去了不停使用挑选案例（Select Cases）过程的麻烦。

【例5-1】　对 SPSS 自带数据集 "cars. sav" 中的变量 weight 按变量 origin 和 cylinder 的有效取值范围计算平均数及标准差。

操作步骤：打开 SPSS 自带文件："cars. sav"。

选择菜单分析（Analyze）→报告（Report）→OLAP 立方体，弹出 OLAP 立方体主对话框（见图5-2），将变量 weight 送入右边的摘要变量（Summary Variables）框内，将 origin 和 cylinder 送入右边的分组变量（Grouping Variables）框。

（1）摘要变量（Summary Variables）框：选择需要进行在线分析的变量，如果选入多个变量，则系统会在同一张表格内依次对它们进行分析。

（2）分组变量（Grouping Variables）框：选择分组变量，注意这里选入的变量其用途和传统意义上的分组变量不尽一致，OLAP 过程不会同时输出分组变量各种水平组合下的分析结果，而是用多层表的形式出现，默认只显示合计情况。同时，分组变量也用于确定进入分析的记录范围。如在此例中选入了 origin 和 cylinder 两个变量，则这两个变量均未缺失的记录方可进入最终分析。

（3）统计（Statistics）子对话框：按照题目要求选入需要计算的量（见图 5-3）。

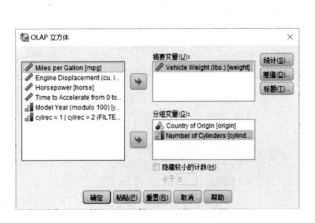

图 5-2 OLAP 立方体主对话框

图 5-3 统计（Statistics）子对话框

表 5-1 为进入分析的记录汇总，可见在所有 406 条记录中，共有 1 条记录因为有缺失值而未能入选，最终纳入分析的有 405 条记录。

表 5-1 个案处理摘要

	个案					
	包括		排除		总计	
	个案数	百分比	个案数	百分比	个案数	百分比
Vehicle Weight（lbs.）* Country of Origin* Number of Cylinders	405	99.8%	1	0.2%	406	100.0%

表 5-2 为在线分析结果，weight 总和为 1204910，平均值为 2975.09，标准差为 843.46。注意：这个表格实际上为多层表，双击进入编辑状态后可以按照产地和气缸数的不同取值进行组合，以得到不同状况下 weight 的分析结果，这就是动态在线分析的体现之一。

表 5-2　在线分析结果

Country of Origin：总计						
Number of Cylinders：总计						
	总和	个案数	平均值	标准偏差	在总和中所占的百分比	在总个案数中所占的百分比
Vehicle Weight（Ibs.）	1204910	405	2975.09	843.546	100.0%	100.0%

　　如图5-4所示，如果研究者想进一步考察欧洲车和日本车在车重上的差异，可以使用差值（Differences）子对话框指定差值类型（Type of Differences）为百分比差值（Arithmetic Difference），个案组间差值（Differences between Groups of Cases）中的分组变量（Grouping）为 origin，类别（Category）为2，减类别（Minus）为3，点击对（Pairs）按钮，按确定（OK）按钮即可得结果如表5-3所示。

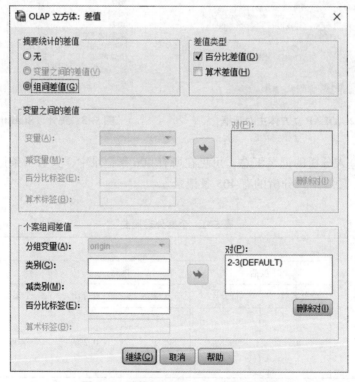

图 5-4　差值（Differences）子对话框

表 5-3　OLAP 欧洲车和日本车在车重上差值百分比

Country of Origin：（European-Japanese）/Japanese*100%						
Number of Cylinders：总计						
	总和	个案数	平均值	标准偏差	在总和中所占的百分比	在总个案数中所占的百分比
Vehicle Weight（lbs.）	1.2%	-7.6%	9.5%	53.2%	1.2%	-7.6%

表 5-3 为欧洲车和日本车在车重上差值所占百分比的情况，注意：其中每一项百分比都是单独计算的，比如欧洲车共 73 辆，日本车共 79 辆，则结果为（73 - 79）/179 = -7.6%；而欧洲车的车重均数为 2431.49，日本车的车重均数为 2221.23，则差值百分比平均值仅为（2431.49-2221.23）/2221.23 = 9.5%，以此类推。

5.4.2　Case Summary 过程

Case Summary 过程用于按指定分组统计量不同水平的交叉组合对变量进行记录列表，并计算相应的统计量。它主要为定量资料的描述服务，是一个比较常用的过程。

【例 5-2】　对 SPSS 自带数据集 "cars. sav" 中的变量 horse 按不同产地及气缸数计算平均数、中位数及标准差。

选择菜单分析（Analyze）→报告（Report）→个案摘要（Case Summary），弹出个案摘要（Case Summary）主对话框（见图 5-5），将变量 horse 送入右边的变量（Variables）框内，将 origin 和 cylinder 送入右边的分组变量（Grouping Variables）框。

（1）变量（Variables）框：选择需要进行记录汇总分析的变量，如果选入多个变量，则系统会在同一张表格内依次对它们进行分析。

（2）分组变量（Grouping Variables）框：选择用于分组的变量。如果选择了多个分组变量，则系统会按各个变量不同取值的交叉组合对汇总变量进行分析，并在表格合适的位置给出各个分组变量不同取值的合计结果。

（3）显示个案（Display Case）框：用于确定是否输出详细的记录列表，下方的三个复选框用于选择具体的输出方式。默认会输出分组的前 100 个记录，并且不显示缺失记录。

（4）统计（Statistics）对话框：按照题目要求选入需要计算的量（见图 5-6）。

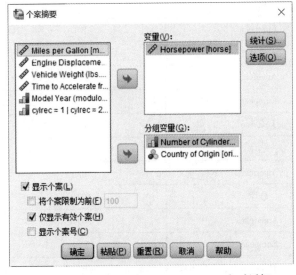

图 5-5　个案摘要（Case Summary）主对话框

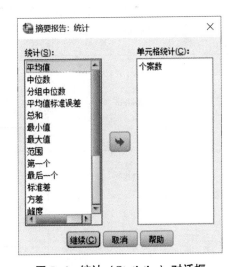

图 5-6　统计（Statistics）对话框

输出结果如表 5-4 所示。

表5-4　OLAP个案处理摘要

	包括		个案		总计	
	个案数	百分比	个案数	百分比	个案数	百分比
Horsepower * Number of Cylinders * Country of Origin	399	98.3%	7	1.7%	406	100.0%

表5-4为进入分析的记录汇总，共有7例因有关变量存在缺失值而未能进入分析。

表5-5为记录汇总表，首先分不同气缸数，其次分不同产地给出了样本数、平均数和中位数，并分别给出了不同气缸数和产地（在最下方）的汇总情况。从中可见，随着气缸数的增加，汽车的功率在不断上升；同时，美国、欧洲和日本产的小轿车其功率没有明显的高低差异趋势，在不同气缸数时它们的排序也不同，但美国产汽车的种类明显要多一些。

表5-5　OLAP个案摘要汇总

个案数

Number of Cylinders	Country of Origin	Horsepower
3 Cylinders	Japanese	4
	总计	4
4 Cylinders	American	69
	European	64
	Japanese	69
	总计	202
5 Cylinders	European	3
	总计	3
6 Cylinders	American	73
	European	4
	Japanese	6
	总计	83
8 Cylinders	American	107
	总计	107
总计	American	249
	European	71
	Japanese	79
	总计	399

5.4.3　行汇总报告（Report Summaries in Rows）

行/列汇总报告（Report Summaries in Rows/Columns）这两个过程是专门用于生成复杂报表的，它们均可以对输出表格进行精细定义，以满足用户的各种苛刻要求。不仅如此，为了方便用户使用，它们输出的结果均为纯文本格式，如果用户感到不满意，也可以将它们读入到任何文字处理软件进行编辑，这是它们的一个显著特点。

【例 5-3】　对 SPSS 自带数据集"cars. sav"按不同产地和气缸数计算汽车功率（horse）以及汽车加速到 60mph 所需时间（accel）的例数、均数及标准差，并给出在不同产地中该时间在 20 秒以上车型所占的比例。

操作步骤：打开 SPSS 数据文件"cars. sav"。

选择菜单分析（Analyze）→报告（Report）→行摘要（Row Summary），弹出行摘要（Row Summary）主对话框（见图 5-7），将变量 accel、horse 送入右边的数据列（Data Columns）框内，将 origin 和 cylinder 送入右边的分界列（Break Columns）框。

（1）数据列（Data Columns）框：选择需要进行记录汇总分析的变量，如果选入多个变量，则系统会在同一张表格内依次对它们进行分析。

（2）分界列（Break Columns）框：选择用于分组的变量。如果选择了多个分组变量，则系统会按各个变量不同取值的交叉组合对汇总变量进行分析，并在表格合适的位置给出各个分组变量不同取值的合计结果。

（3）排序顺序（Sort Sequence）单选框组：用于设置相应的分组变量在报表中的输出排序为升序还是降序，默认为升序。注意：所作的更改只有选择了分界列（Break Columns）框中的变量时才会起作用。

（4）数据已经排序（Data Are Already Sorted）：如果数据已经按分组变量排好了序，可以选中该框，系统会采用另一种快速算法来运算，可节省时间。

（5）显示个案（Display Case）：用于确定是否输出详细的记录列表。

（6）预览（Preview）：有时候报表非常长，完全输出很耗时间，在调试、设计报表时就会经常等待输出完毕。此时可选择预览（Preview）复选框，系统就只输出报表的第一页（页的大小可在后面自定义），从而节约时间。

最终摘要行用于定义需要输出的常用统计量。默认不输出任何指标，具体有总和、平均数、最小值、最大值、个案数、标准差、偏度系数、峰度系数、方差，见图 5-8。此外还可输出大于、小于、在某两个数值之间的记录数所占比例。这些比例均不包括所给出的界值。

图 5-9 用了定义页面布局、页面标题和页脚等。

图 5-10 标题对话框用于定义输出页的标题、脚注的内容和格式。

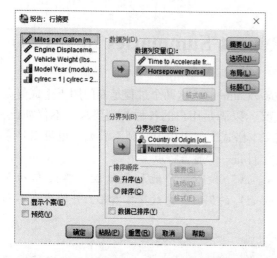

图5-7 行摘要（Row Summary）主对话框

图5-8 最终摘要行（Summary）对话框

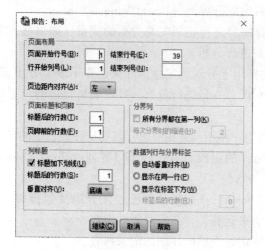

图5-9 布局（Format）对话框

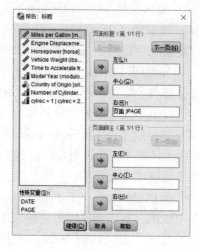

图5-10 标题（Title）对话框

报告输出结果见表5-6。

首先输出的是标题，由于只有系统默认的页号作为左侧标题，故输出"Page1"。从第二行开始输出变量名，可见每一变量均各自占据一列，在定义了名称的地方相应的变量名则被替换成了所输入的字符串，并且由于名称占据了1~2行，它们根据设置沿底端对齐；随后是默认的一行横线和一个空行。

其次为具体的输出结果，按照先origin后cylinder的取值顺序进行分组描述。由于两个分组变量均有一个为缺失值，这个特殊的组被放在了最上面，共有一例，因此标准差无法计算。对origin的汇总中，系统按要求输出了>20的记录所占比例数，对变量horse的输出是多余的，在随后的编辑中将它们删除即可。

表 5-6　报告输出结果

页 1

Country of Origin	Number of Cylinders	Horsepower	Time to Accelerate from 0 to 60 mph（sec）
American	4 Cylinders		
	6 Cylinders		
	8 Cylinders		

Country of Origin	Number of Cylinders	Horsepower	Time to Accelerate from 0 to 60 mph（sec）
European	4 Cylinders		
	5 Cylinders		
	6 Cylinders		
Japanese	3 Cylinders		
	4 Cylinders		
	6 Cylinders		

页 2

Country of Origin	Number of Cylinders	Horsepower	Time to Accelerate from 0 to 60 mph（sec）
均值（M）		105	15
N		400	406
20		100.0%	5.7%

　　请注意 American&4 Cylinders 这一组，参与变量 accel 描述的共 72 例，而参与 horse 描述的为 69 例，两者并不相同，这是因为各变量缺失情况不同的缘故，如果选中前面提到的成列排除具有缺失值的个案（Exclude Cases with Missing Values Listwise）复选框，则含有两变量中任一缺失值的记录均将被删除，此时参与分析的记录数就会相同。

5.4.4　列汇总报告（Report Summaries in Columns）

　　【例 5-4】　请对 SPSS 自带数据集"cars. sav"按不同产地和气缸数计算汽车功率（horse）及汽车加速到 60mph 所需时间（accel）的平均数，要求计算每种组合下两者平均数的百分比值，并给出不同产地的小计。

操作步骤：

选择菜单分析（Analyze）→报告（Report）→列摘要（Column Summary），弹出列摘要（Column Summary）主对话框（见图5-11），将变量accel、horse送入右边的数据列（Data Columns）框内，将origin和cylinder送入右边的分界列（Break Columns）框。

单击摘要（Summary）按钮，弹出子对话框如图5-12所示。

在分界列变量确定后，单击分界列中选项（Option）按钮，弹出子对话框如图5-13所示。

单击图5-11右侧的选项（Option）按钮，弹出子对话框如图5-14所示。

图 5-11　列摘要（Column Summary）主对话框

图 5-12　摘要列（Summary Column）子对话框

图 5-13　分界列（Break Columns）对话框

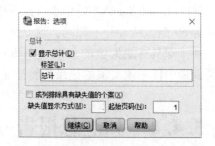

图 5-14　选项（Option）子对话框

表5-7首先输出的是标题"页1"；从第二行开始输出变量名，可见每一变量均各自占据一列，顺序为先分组变量后汇总变量，分组/汇总变量内则按照选入框内的顺序排列，汇总变量内包含了系统汇总变量。

其次为具体的输出结果，按照先 origin 后 cylinder 的取值顺序进行分组描述。每一个组合均按要求计算出了均数，以及两均数的百分比例，该比例进行了自动取整。

最后，根据设定，系统为 origin 的每一个取值均计算了小计，最后还有总的合计（表 5-7 中未显示），cylinder 则没有小计。

由上可见，列汇总报告（Report Summaries in Columns）过程的输出结果非常紧凑、简洁。

表 5-7 报告

页 1

Country of Origin	Number of Cylinders	Horsepower 均值（M）	Time to Accelerate from 0 to Country 60 mph of Number of Horsepower（sec）均值（M）	总计
小计 origin		93	9	102
American	4 Cylinders	81	17	97
	6 Cylinders	100	16	116
	8 Cylinders	158	13	171
小计 origin		120	15	135
European	4 Cylinders	79	17	96
	5 Cylinders	82	19	101
	6 Cylinders	114	16	130
小计 origin		81	17	98
Japanese	3 Cylinders	99	13	113
	4 Cylinders	76	17	92

页 2

Country of Origin	Number of Cylinders	Horsepower 均值（M）	Time to Accelerate from 0 to Country 60 mph of Number of Horsepower（sec）均值（M）	总计
Japanese	6 Cylinders	116	14	129
小计 origin		80	16	96
总计		105	15	120

5.5 实验小结

本章介绍了统计报表的 4 个过程，分别是 OLAP 立方体（Online Analytical Processing，在线分析）、个案摘要（Case Summaries）、按行显示的报告摘要（Report Summaries in

Rows)、按列显示的报告摘要（Report Summaries in Columns）。

练习题

1. 某公司两个部门共有 20 名员工，收集到员工的基本工资、奖金和分红信息，生成个案简明统计报表。数据见文件"wage. sav"。

2. 将系统自带数据"Breast cancer survival. sav"列为观测对象，按照淋巴结是否转移、组织学分级分别统计患者的生存时间与肿瘤大小的平均数、标准差；并统计在不同组织学分级中，计算肿瘤大小超过 1.5 厘米所占的比例。数据见文件"Breast cancer survival. sav"。

参考文献

张文彤. SPSS 11 统计分析教程（基础篇）[M]. 北京：北京希望电子出版社，2002.

実验 6

描述性统计分析

6.1　实　验　目　的

（1）掌握应用 SPSS 进行频数分布表分析（Frequencies）、统计描述分析（Descriptive）、探索性分析（Explore）统计分析过程的操作；通过本章的学习，要求学生掌握集中趋势指标、离散趋势指标、分布指标、百分位数指标等内容。

（2）学会撰写出规范的描述性统计分析实验报告。

6.2　实　验　原　理

所谓描述性统计分析，就是对一组数据的各种特征进行分析，以便于描述测量样本的各种特征及其所代表的总体的特征。描述性统计分析的项目很多，常用的如均值、标准差、中位数、频数分布、正态或偏态程度等（见表 6-1）。这些分析是复杂统计分析的基础。

表 6-1　描述性统计分析项目

集中趋势		离散趋势		分布情况	
均值	Mean	标准差	Std. deviatiom	偏度	Skewness
中位数	Median	方差	Variance	峰度	Kurtosis
众数	Mode	极小值	Minimum		
和	Sum	极大值	Maximum		
		全距	Range		
		均值的标准误差	S. E. mean		

6.2.1　集中趋势的测度

定类数据：众数；定序数据：中位数和分位数；定距和定比数据：均值。

6.2.1.1　众数、中位数和均值的比较

（1）一组数据向其中心值靠拢的倾向和程度。

（2）测度集中趋势就是寻找数据一般水平的代表值或中心值。

（3）不同类型的数据用不同的集中趋势测度值。

（4）低层次数据的集中趋势测度值适用于高层次的测量数据，但反过来，高层次数据的集中趋势测度值并不适用于低层次的测量数据。

（5）选用哪一个测度值来反映数据的集中趋势，要根据所掌握的数据的类型来确定。

6.2.1.2　众数

（1）集中趋势的测度值之一。

（2）出现次数最多的变量值。

（3）不受极端值的影响。

（4）可能没有众数或仅有几个众数。

（5）主要用于定类数据，也可用于定序数据和数值型数据。

6.2.1.3　中位数

（1）集中趋势的测度值之一。

（2）排序后处于中间位置上的值。

（3）不受极端值的影响。

（4）主要用于定序数据，也可用于数值型数据，但不能用于定类数据。

（5）各变量值与中位数的离差绝对值之和最小。

6.2.1.4　四分位数

（1）集中趋势的测度值之一。

（2）排序后处于25%和75%位置上的值。

（3）不受极端值的影响。

6.2.1.5　均值

（1）集中趋势的测度值之一。

（2）最常用的测度值。

（3）一组数据的均衡点所在。

（4）易受极端值的影响。

(5) 主要用于数值型数据，但不能用于定类数据和定序数据。

6.2.2 离散程度的测度

定类数据：异众比率；定序数据：四分位差；定距和定比数据：方差及标准差。

6.2.2.1 异众比率

(1) 离散程度的测度值之一。
(2) 非众数组的频数占总频数的比率。
(3) 仅用于定类数据。
(4) 用于衡量众数的代表性。

6.2.2.2 四分位差

(1) 离散程度的测度值之一。
(2) 也称为内距或四分间距。
(3) 上四分位数与下四分位数之差（QD=QU-QL）。
(4) 反映了中间 50% 数据的离散程度。
(5) 不受极端值的影响。
(6) 用于衡量中位数的代表性。

6.2.2.3 方差和标准差

(1) 离散程度的测度值之一。
(2) 最常用的测度值。
(3) 反映了数据的分布。
(4) 反映了各变量值与均值的平均差异。
(5) 根据总体数据计算的，称为总体方差或标准差；根据样本数据计算的，称为样本方差或标准差。

6.2.2.4 偏态

(1) 数据分布偏斜程度的测度。
(2) 偏态系数=0，为对称分布。
(3) 偏态系数>0，为右偏分布。
(4) 偏态系数<0，为左偏分布。

6.2.2.5　峰度

（1）数据分布扁平程度的测度。
（2）峰度系数=3，扁平程度适中。
（3）偏态系数<3，为扁平分布。
（4）偏态系数>3，为尖峰分布。

6.3　实 验 数 据

利用住房调查问卷调查数据，分析被调查家庭中人均住房面积状况，数据见图6-1，试进行频数分布分析、描述性统计分析和探索性分析。

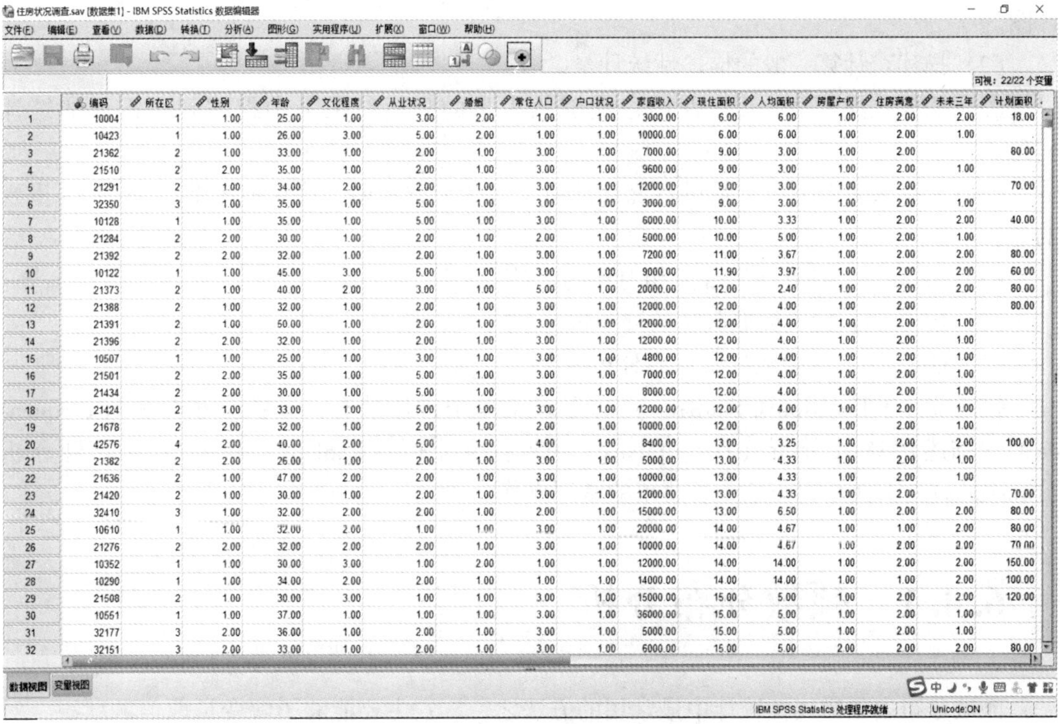

图6-1　数据文件"住房状况调查. sav"

6.4　实 验 过 程

SPSS的统计分析过程包含在分析（Analyze）菜单中，基本统计描述包含在分析

（Analyze）菜单的下级菜单描述统计（Descriptive Statistics）中（见图6-2）。

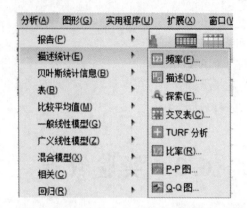

图6-2　描述统计（**Descriptive Statistics**）子菜单

（1）频率：产生变量值的频数分布表，并可计算常见描述性统计量和绘制相对应的统计图。

（2）描述：计算一般的描述性统计量。

（3）探索：探索性分析，使用户能够从大量的分析结果之中挖掘到所需要的统计信息。

（4）交叉表：对分类变量进行统计推断，包括卡方检验、确切概率等，是SPSS重要的过程。

（5）Ratio图：计算两个变量相对比的统计量特征。

（6）P-P图：检验数据服从的分布情况。

（7）Q-Q图：检验数据服从的分布情况。

描述统计（Descriptive Statistics）的下级菜单中常用的有：频数分布分析（Frequencies）、描述性统计分析（Descriptives）、探索性分析（Explore）和列联表资料分析（Crosstabs），下面介绍前三个子菜单的常用操作。

6.4.1　频数分布分析

频数分布表是描述性统计中最常用的方法之一。它主要能够了解变量取值的状况，对把握数据分布特征非常有用。例如，了解某班学生考试的学习成绩、了解某地区居民的收入水平等都可以借助于频数分析。在SPSS中，选择子菜单频数（Frequencies）可以计算出变量的频数分布表、描述集中趋势和离散趋势的各种统计量以及直方图等。

【例6-1】　利用住房调查问卷调查数据，分析被调查家庭中人均住房面积状况，数据见图6-1，试进行频数分布分析。

操作步骤：打开文件："住房状况调查. sav"。

选择菜单分析（Analyze）→描述统计（Descriptive Statistics）→频率（Frequencies），弹

出频率（Frequencies）主对话框（见图 6-3），将变量人均面积送入右边的分析变量（Variables）框内，选中显示频数分布表（Display frequency table）。

在频率（Frequencies）主对话框中，单击统计（Statistics）按钮，弹出统计（Statistics）对话框（见图 6-4）；单击图表（Charts）按钮，弹出图表（Charts）对话框（见图 6-5）；单击格式（Format）按钮，弹出格式（Format）对话框（见图 6-6）。在三个对话框中可根据统计需要进行选择，选择完毕，单击继续（Continue）按钮，返回主对话框，单击确定（OK）按钮，完成频数分布分析。

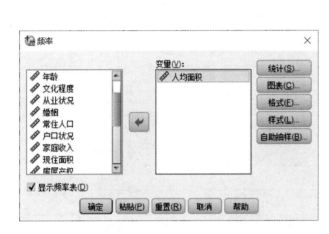

图 6-3　频率（Frequencies）主对话框

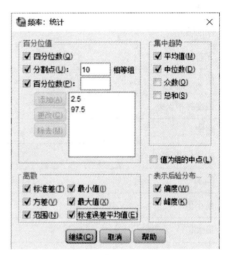

图 6-4　统计（Statistics）对话框

图 6-5　图表（Charts）对话框

图 6-6　格式（Format）对话框

主要输出结果有统计量（见表 6-2）、直方图（见图 6-7）和频数表（略）。频数表中，Frequency 栏为各段的频数，Percent 为各频数百分比，Valid Percent 为各段频数的有效百分比，Cumulative Percent 为各段的累计百分比。

表 6-2　统计量

人均面积

个案数	有效	2993
	缺失	0
平均值		22.0060
中位数		19.6250
众数		20.00
标准偏差		12.70106
方差		161.317
偏度		2.160
偏度标准误差		0.045
峰度		7.739
峰度标准误差		0.089
范围		112.60
最小值		2.40
最大值		115.00
百分位数	2.5	6.0000
	10	10.0000
	20	12.6667
	25	13.6667
	30	15.0000
	40	17.0000
	50	19.6250
	60	22.0000
	70	25.0000
	75	26.6667
	80	29.0000
	90	35.3333
	97.5	60.0000

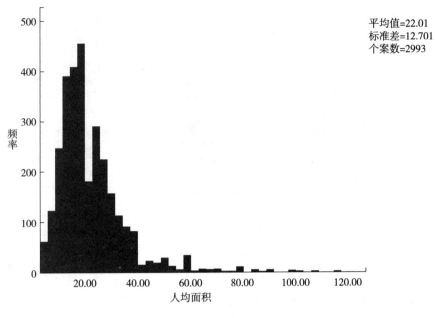

图 6-7　直方图

6.4.2　描述性统计分析

选择子菜单描述（Descriptives）可以计算描述变量集中趋势和离散趋势的各种统计量，以及对变量进行标准化变换。

【例 6-2】　对【例 6-1】中数据进行描述性统计分析。

操作步骤：打开【例 6-1】中建立的 SPSS 数据文件。

选择菜单分析（Analyze）→描述统计（Descriptive Statistics）→描述（Descriptives），弹出描述（Descriptives）对话框（见图 6-8），将变量人均面积送入右边的分析变量（Variables）框内，选中将变量标准化值保存为新变量（Save Standardized Values as Variables），单击选项（Options）按钮，弹出的对话框（见图 6-9）中统计量的解释与图 6-4 相同，可以选择要计算的统计量，设置完毕单击确定（OK）按钮。

主要输出结果与频率（Frequencies）的输出结果相同（见表 6-3），唯一不同的是描述（Descriptives）过程将变量标准化值（Z 分数）作为新变量保存在原数据文件中，新变量名是在原变量名前加 "Z"。Z 分数的计算公式为：$Z_i = (x_i - \bar{x})/s$。其中，x_i 为原变量值，$\bar{x}$ 和 s 分别为该变量均数和标准差。

对原始数据进行标准化，可以确定原始数据在总体分布中的位置，对不同分布的各种原始数据进行比较，标准正态分布的均值是 0，标准差是 1，如 Z=2，表示这个值与均值（等于 0）的距离是 2 个标准差，在总体中的位置是 0.95。

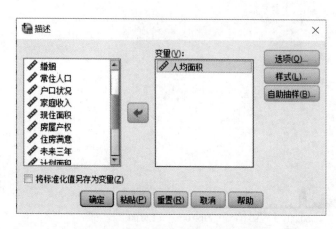

图 6-8　描述（Descriptives）对话框

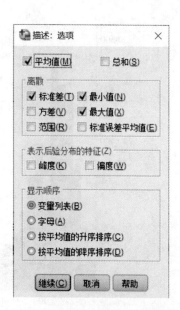

图 6-9　选项（Options）对话框

表 6-3　描述统计

	N	最小值	最大值	均值	标准偏差	偏度		峰度	
	统计	统计	统计	统计	统计	统计	标准错误	统计	标准错误
人均面积	2993	2.40	115.00	22.0060	12.70106	2.160	0.045	7.739	0.089
有效个案数（成列）	2993								

6.4.3　探索性分析

探索性分析（Explore）：调用此过程可对变量进行更为深入详尽的描述性统计分析，故称之为探索性分析。探索性分析一般用来考察定距变量。选择子菜单探索（Explore）可以进行正态性检验和方差齐性检验，可以判断数据有无离群值（Outliers）、极端值（Extreme Values），也可以计算统计量和绘制统计图。

探索性数据分析的内容包括：

（1）检查数据是否有错误。

1）可通过绘制箱图和茎叶图等图形直观地反映数据的分布形式和数据的一些规律性，包括考察数据中是否存在异常值等。

2）过大或过小的数据均有可能是奇异值、影响点或错误数据。要找出这样的数据，并分析原因，然后决定是否从分析中删除这些数据。因为奇异值和影响点往往对分析的影响较大，不能真实反映数据的总体特征。

（2）正态分布检验。常用的正态分布检验是 Q-Q 图。

（3）方差齐性检验。对数据分析不仅需要进行正态分布检验，有时候还需要比较各个分组的方差是否相同，这就要进行方差齐次性检验。例如，在进行独立右边的 t 检验之前，就需要事先确定两个数据的方差是否相同。

【例 6-3】　利用【例 6-1】中的住房调查数据，对人均住房面积数据按户口进行探索性分析。

操作步骤：

（1）选择菜单分析（Analyze）→描述统计（Descriptive Statistics）→探索（Explore），弹出探索（Explore）主对话框（见图 6-10），将变量人均面积送入右边的因变量列表（Dependent）框内，将变量户口状况送入右边的因子列表（Factor List）框内，个案标注依据（Label Cases）框中应选入对观察进行标记的变量编码。

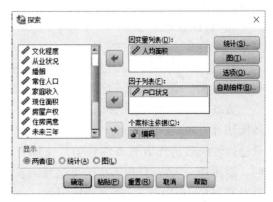

图 6-10　探索（Explore）主对话框

左下角有三个选项：两者（Both）：统计量与统计图形都输出，是系统默认值；统计（Statistics）：只输出统计量；图（Plots）：只输出统计图形。单击统计（Statistics）按钮，弹出统计（Statistics）子对话框（见图 6-11）。单击图（Plots）按钮，弹出图（Plots）子对话框（见图 6-12）。可选择绘制统计图，进行正态性检验和方差齐性检验。

图 6-11　统计（Statistics）子对话框

图 6-12　图（Plots）子对话框

（2）统计（Statistics）子对话框：用于选择需要的描述统计量。

1）描述（Descriptives）：输出基本统计量，均值的置信区间，可键入 1%～99% 的任意值，根据该值算出置信区间的上下限。

2）M-估计量（M-Estmators）：给出中心趋势的最大似然比的稳健估计量，当数据分布均匀，且两尾较长，或当数据中存在极端值时，可给出比均值或中位数更合理的估计。

3）离群值（Outliers）：输出最大和最小的 5 个数，且在输出窗口中加以标明。

4）百分位数（Percentiles）：输出 5%、10%、25%、50%、75%、90% 和 95% 百分位数。

（3）图（Plots）子对话框：用于选择需要的统计图。

1）箱图（Boxplots）复选框：确定箱式图的绘制方式，有以下三种选择：因子级别并置（Factor Levels Together）、因变量并置（Dependents Together）、无（None）。

2）描述图（Descriptive）复选框：可以选择绘制茎叶图（Stem-and-Leaf）和直方图（Histogram）。

3）含检验的正态图（Normality Plot with Test）：绘制正态分布图（Q-Q 图），并进行变量是否符合正态分布的检验。

4）伸展与级别 Levene 检验：用于设置当存在分组变量时，可自动判断各组间的离散程度（方差）是否相同，并为此寻求一个比较合适的变量变换方法。此功能一般不用。

方差齐性检验，应先选未变换（Untransformed），不齐再选效能估算（Power Estimation），或选转换（Transformed），对变量进行转换后再作方差齐性检验。选择转换后（Transformed）时，激活幂（Power）列表框，可选择对变量变换的方式：自然对数（Natural Log）、平方根的倒数（1/Square Root）、倒数（Reciprocal）、平方根（Square Root）、平方（Square）、立方（Cube）。

图 6-13　选项（Options）
对话框

（4）单击选项（Options）按钮，在弹出的选项（Options）对话框中可选择缺失值处理方式（见图 6-13）。

1）成列排除个案（Exclude Cases Listwise）：对每个观测，只要分析中所选入的变量中有一个变量为缺失值，则该观测被视为缺失值，不参与分析。该选项为系统默认。

2）成对排除个案（Exclude Cases Pairwise）：对某个观测，只有该变量及与该变量分析有关的变量出现缺失值时才被视为缺失值。

3）报告值（Report Values）：分类变量中含有缺失值的观测被单独另外列为一组进行分析，并有相应的输出结果。

（5）全部设置完毕单击主对话框中的确定（OK）按钮，主要输出结果见表 6-4。

表 6-4　个案处理摘要

户口状况		个案					
		有效		缺失		总计	
		N	百分比	N	百分比	N	百分比
人均面积	本市户口	2825	100.0%	0	0.0%	2825	100.0%
	外地户口	168	100.0%	0	0.0%	168	100.0%

描述（Descriptives）表（见表 6-5）中给出各组统计量的结果，其中平均值的 95% 置信区间（95% Confidence Interval for Mean）是总体均数的 95% 置信区间，5% 剪除后平均值（5% Trimmed Mean）是调整的均数，即将最大和最小的各 5% 的变量值去掉后计算得出的

均数。四分位距（Interquartile Range）即第 75 和第 25 百分位数之差。

表 6-5　描述

	户口状况	统计			标准误差
人均面积	本市户口	平均值		21.7258	0.22907
		平均值的95%置信区间	下限	21.2767	
			上限	22.1750	
		5%剪除后平均值		20.5316	
		中位数		19.4000	
		方差		148.240	
		标准偏差		12.17539	
		最小值		2.40	
		最大值		115.00	
		范围		112.60	
		四分位距		13.00	
		偏度		2.181	0.046
		峰度		8.311	0.092
	外地户口	平均值		26.7165	1.46337
		平均值的95%置信区间	下限	23.8274	
			上限	29.6056	
		5%剪除后平均值		24.9216	
		中位数		21.1250	
		方差		359.765	
		标准偏差		18.96748	
		最小值		3.33	
		最大值		101.00	
		范围		97.67	
		四分位距		21.56	
		偏度		1.429	0.187
		峰度		2.121	0.373

　　百分位数（Percentiles）表（见表 6-6）中显示各组第 5、第 10、第 25、第 50、第 75、第 90、第 95 百分位数，还给出了 Tukey 法计算百分位数的结果（仅限于四分位数）。

表 6-6　百分位数

		户口状况	百分位数						
			5	10	25	50	75	90	95
加权平均（定义1）	人均面积	本市户口	8.0000	10.0000	13.6667	19.4000	26.6667	35.0000	42.5000
		外地户口	5.4500	7.4500	13.4375	21.1250	35.0000	54.6000	66.6250
图基枢纽	人均面积	本市户口			13.6667	19.4000	26.6667		
		外地户口			13.5417	21.1250	35.0000		

极值（Extreme Values）表（见表 6-7）中给出了各组的 5 个最大值和 5 个最小值。

表 6-7　极值

	户口状况			个案号	值
人均面积	本市户口	最大值	1	2721	115.00
			2	2669	106.00
			3	2638	101.22
			4	2274	100.00
			5	2636	100.00ᵃ
		最小值	1	11	2.40
			2	6	3.00
			3	5	3.00
			4	4	3.00
			5	3	3.00
	外地户口	最大值	1	2981	101.00
			2	2973	90.00
			3	2993	84.00
			4	2964	80.00
			5	2965	80.00
		最小值	1	2830	3.33
			2	2826	3.50
			3	2829	4.00
			4	2843	5.00
			5	2842	5.00ᵇ

注：a. 在较大极值的表中，仅显示了不完整的个案列表（这些个案的值为 100.00）；b. 在较小极值的表中，仅显示了不完整的个案列表（这些个案的值为 5.00）。

表 6-8 是各组正态性检验结果，其中 Sig. （Significance level）即 P 值。给出柯尔莫戈洛夫—斯米诺夫 （Kolmogorov-Smirnov）统计量和夏皮洛—威尔克 （Shapiro-Wilk）统计量，当样本容量 $3 \leqslant n \leqslant 50$ 时，小样本选择 Shapiro-Wilk 统计量，Kolmogorov-Simirnov 适合于大样本场合。一般 $P \leqslant 0.05$ 时，不服从正态分布。本例选择 Kolmogorov-Smirnov 统计量，本市户口和外地户口的 $P = 0.000 < 0.05$，均不服从正态分布。

表 6-8 正态性检验

户口状况		柯尔莫戈洛夫—斯米诺夫 （V）[a]			夏皮洛—威尔克		
		统计	自由度	显著性	统计	自由度	显著性
人均面积	本市户口	0.121	2825	0.000	0.841	2825	0.000
	外地户口	0.149	168	0.000	0.876	168	0.000

注：a. 里利氏显著性修正。

表 6-9 是方差齐性 （Levene Statistic）检验结果，给出了计算 Levene 统计量的四种算法：基于平均值、基于中位数、基于中位数并具有调整后自由度和基于剪除后平均值 （将最大和最小的各 5% 的变量值去掉后计算得的均数）。本例基于平均值的 $P = 0.000 < 0.05$，可以认为两个组的方差是不相等的。

注意：在后面讲到的 t 检验和方差分析中也可以进行方差齐性检验。

表 6-9 方差齐性检验

		莱文统计	自由度 1	自由度 2	显著性
人均面积	基于平均值	65.469	1	2991	0.000
	基于中位数	51.358	1	2991	0.000
	基于中位数并具有调整后自由度	51.358	1	2752.863	0.000
	基于剪除后平均值	57.072	1	2991	0.000

6.4.4 Bootstrap 方法 （自助法）

经典统计学的参数估计方法无一例外需要先对变量的分布进行假定，然后才能进行相应的计算。同时，经典统计学对均值的参数估计，特别是区间估计的研究比较完善，但对其他一些分布参数如中位数、四分位数、标准差等的区间估计的研究则较少，这无疑是方法体系上的一大缺憾。

Bootstrap 方法由 Efron 于 1979 年提出，是基于大量计算的一种模拟抽样推断方法，它的使用主要出于两种目的：一是判断原参数估计值是否准确；二是计算出更准确的置信区间，判断得出的统计学结论是否正确。

Bootstrap 方法，又称自助法，或靴襻法，其核心思想和基本步骤如下：

（1）采用重抽样技术从原始样本中抽取一定数量（自己给定）的样本，此过程允许重复抽样。

（2）根据抽出的样本计算给定的统计量 T。

（3）重复上述步骤 N 次（一般大于 1000），得到 N 个统计量 T。

（4）计算上述 N 个统计量 T 的样本值，最终得到统计量的估计值。

应该说 Bootstrap 是现代统计学较为流行的一种统计方法，在小样本时效果很好。通过方差的估计可以构造置信区间等，其运用范围得到进一步延伸。

SPSS 目前在许多过程的对话框中均纳入了 Bootstrap 模块。

【例6-4】 对人均住房面积的均值、标准差、中位数、偏度、峰度等进行 Bootstrap 方法的参数点估计和区间估计。

操作步骤：选择菜单分析（Analyze）→描述统计（Descriptive Statistics）→描述（Descriptives），弹出描述（Descriptives）主对话框，将变量人均面积送入右边的变量（Variables）框内。单击选项（Options）按钮，选中平均值（Mean）、标准差（Std. deviation）等复选框，单击继续（Continue）按钮。单击自助抽样（Bootstrap）按钮，弹出自助抽样（Bootstrap）对话框（见图6-14），在弹出的对话框中可以进行如下统计量的 Bootstrap 估计：

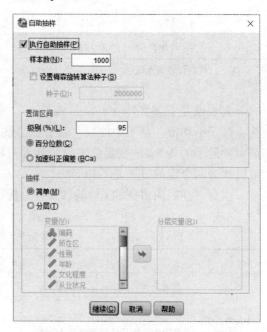

图 6-14 自助抽样（Bootstrap）对话框

（1）支持均值、标准差、方差、中位数、偏度、峰度和百分位数的 Bootstrap 估计。

（2）支持百分比的 Bootstrap 估计。

（3）执行自助抽样：要求进行 Bootstrap 抽样，样本数默认为 1000 次，一般不需要修改。

（4）设置梅森旋转算法（Mersenne Twister）种子：使用该选项可以自行设定随机种子，从而在设定相同随机种子的情况下，可得到完全相同的分析结果。

（5）置信区间：默认为用百分位数法计算出 95% 置信区间，如希望得到更为精确的结果，可使用加速纠正偏差修正加速（BCa）来调整区间，但此时计算需要更长时间。

（6）抽样：默认为简单随机抽样，也可以通过指定分层变量来实现分层抽样。

单击确定（OK）按钮，输出结果见表6-10。

表 6-10　描述统计（Bootstrap 方法）

		统计	标准错误	自助抽样[a]			
				偏差	标准错误	95%置信区间	
						下限	上限
人均面积	N	2993		0	0	2993	2993
	最小值	2.40					
	最大值	115.00					
	均值	22.0060		0.0036	0.2279	21.5804	22.4739
	标准偏差	12.70106		0.00306	0.34899	12.00184	13.42269
	偏度	2.160	0.045	−0.009	0.123	1.887	2.387
	峰度	7.739	0.089	−0.082	0.902	5.881	9.442
有效个案数（成列）	N	2993		0	0	2993	2993

注：a. 除非另行说明，否则自助抽样结果基于1000个自助抽样样本。

表 6-10 中，第二列为普通分析结果，第四列为 Bootstrap 方法得到的结果与普通方法得到结果的差异。

当采用 Bootstrap 抽样得到的结果与经典统计学明显不同时，则说明变量分布很可能违反了经典统计学的前提假设，例如呈偏态分布，或者可能存在明显的极端值，此时，基本上应该以 Bootstrap 方法计算出的点估计和区间估计为准。

作为对比，表 6-11 给出了经典方法的输出结果。

表 6-11　描述统计（经典方法）

	N	最小值	最大值	均值	标准偏差	偏度		峰度	
	统计	统计	统计	统计	统计	统计	标准错误	统计	标准错误
人均面积	2993	2.40	115.00	22.0060	12.70106	2.160	0.045	7.739	0.089
有效个案数（成列）	2993								

6.5　实验小结

本章介绍了描述统计常用的三个过程：频数分布表分析（Frequencies）、统计描述分析（Descriptives）和探索性分析（Explore），利用它们可以生成变量的频数分布表和统计图，可以计算变量的各种统计量（如均数、标准差、样本率等），可以对变量进行标准化变换、正态性检验和方差齐性检验，可以判断数据有无离群值、极端值。

 练习题

1. 某班 20 名学生的医学统计学考试成绩如下：

78，92，90，86，80，86，89，85，86，85，86，82，87，85，79，91，87，83，84，84

试完成下列操作：

（1）计算均数、标准差、中位数、四分位数、四分位间距及第 2.5、第 97.5 百分位数；

（2）生成频数分布表；

（3）进行标准化变换、正态性检验；

（4）做出直方图和箱式图；

（5）判断数据有无离群值、极端值。

2. 24 名甲状腺功能低下婴儿，按病情严重程度分为 3 组：轻度组 9 名，中度组 8 名，重度组 7 名。表 6-12 列出了他们血清甲状腺素含量（n mol/L），试完成下列操作：

（1）对各组进行正态性检验；

（2）进行方差齐性检验；

（3）计算各组的均数、标准差、中位数、四分位数、四分位间距；

（4）判断各组有无离群值、极端值。

表 6-12　24 例婴儿血清甲状腺素含量

轻度	34	45	49	55	58	59	60	72	86
中度	8	25	36	40	42	53	65	74	
重度	5	8	18	32	45	47	65		

3. 从某制药厂生产的某种散剂中随机抽取 100 包称其重量（g），数据见表 6-13，试进行频数分布分析和描述性统计分析。

表 6-13　100 包药的重量　　　　　　　　　单位：g

0.89	0.86	0.88	0.92	0.98	0.89	0.91	0.95	0.85	0.92
0.89	0.97	0.86	0.92	0.87	0.90	0.93	0.91	0.88	0.91
0.86	0.99	0.85	0.89	0.82	1.03	0.93	0.81	0.96	0.92
0.95	0.88	0.90	0.84	0.87	0.98	0.88	0.85	0.86	0.91
0.90	0.93	0.95	0.92	0.95	0.86	0.87	0.92	0.87	0.94
0.95	0.82	0.84	0.80	0.94	0.86	0.92	0.86	0.87	0.93

0.97	0.91	0.88	0.92	0.89	0.89	0.87	0.93	0.91	0.98
0.88	0.90	0.92	0.87	0.88	0.95	0.94	0.89	0.78	0.84
0.88	0.87	0.94	0.90	0.96	0.98	0.89	0.92	0.90	1.06
0.87	0.91	0.87	0.84	0.89	1.00	0.94	0.90	0.87	0.92

4. 为考察中药葛根对心脏功能的影响，配制每 100mL 含葛根 1g、1.5g、3g、5g 的药液，用来测定 27 只大鼠离体心脏在药液中 7~8 分钟内心脏冠脉血流量，数据见表 6-14。试对不同剂量的葛根的心脏冠脉血流量作探索性分析。

表 6-14　心脏冠脉血流量表

1g	1.5g	3g	5g
6.2	8.4	2.0	0.2
6.0	5.4	1.2	0.2
6.8	0.8	1.7	0.5
1.0	0.8	3.2	0.5
6.0	1.1	0.5	0.4
6.4	0.1	1.1	0.3
12.0	1.0	0.5	

参考文献

［1］薛薇 . 基于 SPSS 的数据分析（第二版）　［M］. 北京：中国人民大学出版社，2011.

［2］程士富 . 统计学讲义（第二版）［M］. 北京：中国统计出版社，2012.

実验 7

假设检验

7.1 单样本 t 检验

7.1.1 实验目的

学习利用 SPSS 进行单样本的均值检验，并能够读懂分析结果。

7.1.2 实验原理

单样本 t 检验是利用来自总体的样本数据，推断该总体的均值是否与指定的检验值之间存在显著差异。它是对总体均值的假设检验。

单样本 t 检验作为假设检验的一种方法，其基本步骤和假设检验相同。其零假设为 $H_0: \mu = \mu_0$，总体均值与指定检验值之间不存在显著差异。该方法采用 t 检验方法，按照下式计算 t 统计量：

$$t = \frac{\bar{x} - \mu}{s / \sqrt{n}} \qquad (7-1)$$

式（7-1）中，分子是样本均值与检验值之差；因为总体方差未知，故用样本方差 s^2 代替总体方差；n 为样本数。

7.1.3 实验数据

利用 SPSS 自带文件"advert. sav"推断实施广告后产品销售额的均值是否为 12 万。

7.1.4 实验过程

7.1.4.1 单样本 t 检验操作步骤

单样本 t 检验的基本操作步骤如下：打开 SPSS 软件后，选择菜单栏中的分析→比较均值→单样本 t 检验，弹出对话框后，将变量 sale2（After Advertising）移入检验变量框，再在检验值列表框中输入 12 点击确定。

软件操作过程如图 7-1 和图 7-2 所示。

图 7-1　比较平均值：单样本 t 检验对话框

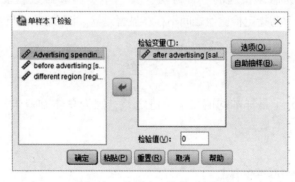

图 7-2　单样本 t 检验对话框

7.1.4.2　单样本 t 检验分析

由表 7-1 可知，实施广告后产品销售额平均值为 10.57 万，标准差为 1.8 万，均值标准误差为 0.37。

表 7-1　单样本统计

	个案数	平均值	标准偏差	标准误差平均值
after advertising	24	10.5688	1.80001	0.36742

由表 7-2 可知，单样本 t 检验中的 t 统计量的双尾概率 P 值接近于 0，实施广告后产品销售额平均值的 95% 置信区间为（9.8087，11.3289）。如果显著性水平 α 为 0.05，由于概率 p 值小于显著性水平 α，因此应拒绝原假设，认为实施广告后产品销售额平均值与 12 万存在显著差异，同时 12 万不在相应的置信区间内，也证实了上述结论。

表 7-2　单样本检验

	检验值 = 12					
	t	自由度	Sig.（双尾）	平均值差值	差值 95% 置信区间	
					下限	上限
after advertising	−3.895	23	0.001	−1.43122	−2.1913	−0.6711

7.1.5　实验小结

单样本 t 检验在研究问题中仅涉及一个总体，并且将采用 t 检验的方法进行分析。单样本 t 检验的前提是样本来自的总体应服从或近似服从正态分布。

7.2　两独立样本 t 检验

7.2.1　实验目的

学习利用 SPSS 进行两独立样本的均值检验，并能够读懂分析结果。

7.2.2　实验原理

两独立样本 t 检验的目的是利用来自两个总体的独立样本，推断两个总体的均值是否存在显著差异。

7.2.2.1　使用条件

进行两独立样本 t 检验时，通常要满足以下两个要求：
（1）样本来自的总体应服从或近似服从正态分布；

（2）两样本相互独立，即从一总体中抽取一组样本对从另一总体中抽取一组样本没有任何影响，两组样本的样本数可以不等。

7.2.2.2 基本原理

两独立样本 t 检验的检验假设是两总体均值相等，即 H_0：$\mu_1 = \mu_2$，也可以表述为：$H_0 = \mu_1 - \mu_2$，μ_1，μ_2 分别为第一个和第二个总体的均值。则在 H_0 条件下两独立样本 t 检验可视为样本与已知总体均值 $\mu_1 - \mu_2$ 的单样本 t 检验，统计量计算公式为：

$$t = \frac{|(\overline{X}_1 - \overline{X}_2) - (\mu_1 - \mu_2)|}{S_{\overline{x}_1 - \overline{x}_2}} = \frac{|\overline{X}_1 - \overline{X}_2|}{S_{\overline{x}_1 - \overline{x}_2}} \tag{7-2}$$

其中，$S_{\overline{x}_1 - \overline{x}_2} = \sqrt{S_C^2\left(\frac{1}{n_1} + \frac{1}{n_2}\right)}$，$S_C^2 = \dfrac{\sum X_1^2 - \dfrac{\left(\sum X_1\right)^2}{n_1} + \sum X_2^2 - \dfrac{\left(\sum X_2\right)^2}{n_2}}{n_1 + n_2 - 2}$。

S_C^2 称为合并方差，上述公式可用于已知两样本观察值原始资料时计算，当两样本标准差 S_1 和 S_2 已知时，合并方差 S_C^2 为：

$$S_C^2 = \frac{(n_1 - 1)S_1^2 + (n_2 - 1)S_2^2}{n_1 + n_2 - 2} \tag{7-3}$$

7.2.3 实验数据

利用 SPSS 自带文件"advert. sav"分析实施广告后两个地区的销售额均值是否存在显著差异。

7.2.4 实验过程

7.2.4.1 两独立样本 t 检验操作步骤

两独立样本 t 检验的基本操作步骤是：打开 SPSS 软件后，选择菜单栏中的分析→比较平均值→独立样本 t 检验；弹出对话框后，将变量 sale2（After Advertising）移入检验变量框，再将 region 移入分组变量框；之后点击定义组，弹出定义组对话框，使用指定值：组1 = 1，组 2 = 2，点击继续，最后点击确定，见图 7-3、图 7-4、图 7-5。

图 7-3　比较平均值：独立样本 t 检验对话框

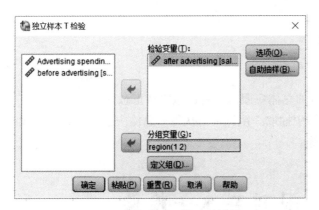

图 7-4　独立样本 t 检验对话框

图 7-5　定义组对话框

7.2.4.2　两独立样本 t 检验分析

由表 7-3 可知，地区 1 和地区 2 的产品销售额均值分别为 10.40 万和 10.84 万，两地区的均值差距不大。进一步地，通过检验来推断两地区的产品销售额均值是否存在差异。

表 7-3　组统计

	地区	个案数	平均值	标准偏差	标准误差平均值
after advertising	1	15	10.4047	1.76029	0.45451
	2	9	10.8422	1.93852	0.64617

由表7-4可知地区1和地区2的产品销售额均值的检验结果。首先,两总体方差是否相等的F检验,F统计量的观察值为0.003,对应的概率P为0.955,如果显著性水平 α 为0.05,则概率P值大于0.05,因此,两总体方差不存在差异。其次,t统计量的观察值为-0.554,对应的双尾概率P值为0.588,如果显著性水平 α 为0.05,则概率p值大于显著性水平0.05。因此,认为两总体的均值不存在差异,即地区1和地区2的产品销售额均值不存在差异。表7-4中置信度为95%的置信区间跨0,也证实了上述结论。

表7-4 独立样本检验

		莱文方差 等同性检验		平均值等同性t检验						
		F	显著性	t	自由度	Sig. (双尾)	平均值 差值	标准误差 差值	差值95%置信区间	
									下限	上限
after advertising	假定等方差	0.003	0.955	-0.568	22	0.576	-0.43753	0.77038	-2.03520	1.16014
	不假定等方差			-0.554	15.681	0.588	-0.43753	0.79001	-2.11505	1.24000

7.2.5 实验小结

两独立样本t检验的样本来自的总体应服从或者近似服从正态分布。

两样本相互独立,即从一总体中抽取一组样本对从另一总体中抽取一组样本没有任何影响,两组样本的样本数可以不等。

7.3 配对样本 t 检验

7.3.1 实验目的

学习利用SPSS进行配对样本的均值检验,并能够读懂分析结果。

7.3.2 实验原理

配对样本t检验是利用来自两个总体的配对样本,推断两个总体的均值是否存在显著差异。

7.3.2.1　使用条件

进行配对样本检验时，通常要满足以下三个要求：
（1）两组样本的样本容量要相同。
（2）两组样本的观察值顺序不能随意调换，要保持一一对应关系。
（3）样本来自的总体要服从正态分布。

7.3.2.2　基本原理

两配对样本 t 检验是利用来自两个总体的配对样本，推断两个总体的均值是否存在显著差异。它和独立样本 t 检验的差别在于要求样本是配对的。由于配对样本在抽样时不是相互独立的，而是相互关联的，因此在进行统计分析时必须要考虑到这种相关性，否则会浪费大量的统计信息，对于符合配对情况的统计问题，要首先考虑两配对样本 t 检验。

两配对样本 t 检验的基本思路是求出每对数据的差值：如果配对样本没有差异，则差值的总体均值应该等于零，从该总体中抽取的样本均值也应该在零值附近波动；反之，如果配对样本有差异，差值的均值就该远离零值。这样，通过检验该差值样本的均值是否等于零，就可以判断这两组配对样本有无差异性。该检验对应的假设检验如下：

H_0：两总体均值之间不存在显著差异。
H_1：两总体均值之间存在显著差异。
检验中所采用的统计量和单样本 t 检验完全相同。

7.3.3　实验数据

利用 SPSS 自带文件"advert. sav"分析实施广告前和实施广告后地区 1 产品销售额的均值是否存在显著差异。

7.3.4　实验过程

首先将地区 1 从"advert. sav"文件中筛选出来。具体操作过程如下：打开 SPSS 软件后，选择菜单栏中的数据→选择个案，见图 7-6。弹出对话框后点击如果，见图 7-7，在 If 对话框中设定 region = 1，见图 7-8，然后点击继续按钮，最后点击确定得到分析结果。

图 7-6　数据：选择个案对话框

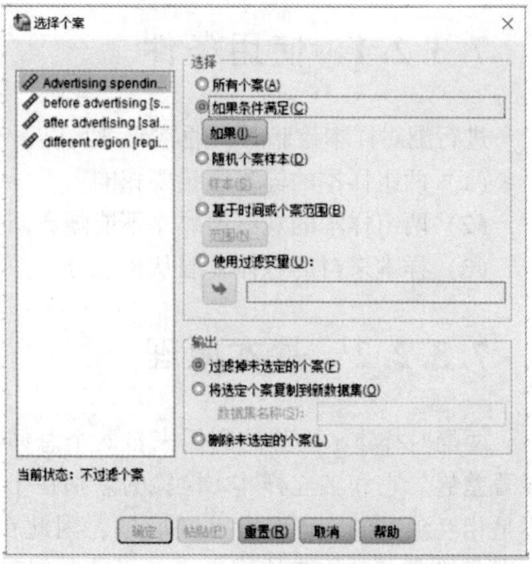

图 7-7　选择个案主对话框

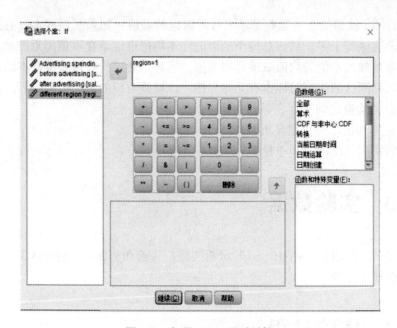

图 7-8　如果（If）子对话框

　　两配对样本 t 检验的基本操作步骤如下：打开 SPSS 软件后，选择菜单栏中的分析→比较均值→配对样本 t 检验，弹出对话框后，将变量 sale1、变量 sale2 移入成对变量列表，最后点击确定。

　　软件操作如图 7-9 所示。

　　由表 7-5 可知，实施广告前与实施广告后地区 1 销售额的均值有一定的差异，实施广告后平均销售额有所上升。

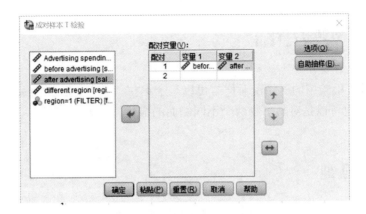

图 7-9 成对样本 t 检验对话框

表 7-5 配对样本统计

		平均值	个案数	标准偏差	标准误差平均值
配对 1	before advertising	9.2888	24	2.12700	0.43417
	after advertising	10.5688	24	1.80001	0.36742

由表 7-6 可知，地区 1 实施广告前与实施广告后销售额的简单相关系数为 0.634，概率 P 值为 0.011。这表明当显著性水平 α 为 0.05 时，地区 1 实施广告前与实施广告后销售额有明显的线性变化，地区 1 实施广告前与实施广告后销售额线性相关程度较强。

表 7-6 配对样本相关性

		个案数	相关性	显著性
配对 1	before advertising & after advertising	15	0.634	0.011

由表 7-7 可知，地区 1 实施广告前与实施广告后销售额的平均值相差 1.188 万元，检验统计量观测值对应的双尾概率 P 值为 0.001，当显著性水平 α 为 0.05 时，概率 P 值小于显著性水平 α，应拒绝原假设，即认为地区 1 实施广告前与实施广告后销售额的平均值存在差异，可以认为实施广告具有一定的促销作用。

表 7-7 配对样本检验

		配对差值					t	自由度	Sig.（双尾）
		平均值	标准偏差	标准误差平均值	差值 95% 置信区间				
					下限	上限			
配对 1	before advertising & after advertising	-1.28003	1.59486	0.32555	-1.95347	-0.60658	-3.932	23	0.001

7.3.5 实验小结

两配对样本 t 检验中的所谓配对样本可以是个案在"前""后"两种状态下某属性的两种不同特征，也可以是对某事物两个不同侧面的描述。

 **练习题**

1. 一种零件的直径标准为 120mm，低于该标准将被认为是不合格的。某企业在购进该种零件时，要对供货商提供的样品进行检验，现对 16 个该种零件进行了检验，结果如下：

    122   100   120   118   119   121   113   122

    120   121   115   119   116   123   121   106

试检验供货商生产的零件直径是否符合企业的购进要求？

2. 假设袋装牛奶的重量服从正态分布。某工厂使用两台机器按照不同的标准生产袋装牛奶。现有对两台机器生产的袋装牛奶重量的抽检数据（kg）：

第一台机器： 204.4 203.9 204.5 204.4

第二台机器： 204.0 203.9 204.2 204.2 203.7

分析这两台机器生产的袋装牛奶重量是否存在显著差异。

3. 某学校为检验某门课程按照两种命题大纲拟就的 A、B 两套试卷的难度是否一致，随机抽取了 5 名学生各先做一套试卷，然后再做一套试卷。每名学生先做哪一套试卷是随机的。5 名学生两套试卷的得分如表 7-8 所示。

表 7-8　5 名学生两套试卷得分情况

学生编号	1	2	3	4	5
A 试卷	84	85	67	74	90
B 试卷	80	82	70	78	80

根据学生答卷的成绩判断两套试卷的难度是否一致。

方差分析

8.1 单因素方差分析（One-Way ANOVA 过程）

8.1.1 实验目的

（1）掌握单因素方差分析的基本思想，能够结合方法原理解释分析结果的统计意义和实际含义。熟练掌握其数据组织方式和具体操作。

（2）明确单因素方差分析中多重比较检验的作用，并能够读懂其分析结果。

8.1.2 实验原理

单因素方差分析也叫一维方差分析，它用来研究一个因素的不同水平是否对观测变量产生了显著影响，即检验由单一因素影响的一个（或几个相互独立的）因变量与因素各水平分组的均值之间的差异是否具有统计意义。

8.1.2.1 使用条件

应用方差分析时，数据应当满足以下几个条件：在各个水平之下观察对象是独立随机抽样，即独立性；各个水平的因变量服从正态分布，即正态性；各个水平下的总体具有相同的方差，即方差齐性。

8.1.2.2 基本原理

（1）SST（总的离差平方和）= SSA（组间离差平方和）+SSE（组内离差平方和）。如果在总的离差平方和中，组间离差平方和所占比例较大，说明观测变量的变动主要是由因素的不同水平引起的，可以主要由因素的变动来解释，系统性差异给观测变量带来了显著影响；反之，如果组间离差平方和所占比例很小，说明观测变量的变动主要是由随机变量因素引起的。

（2）SPSS 将自动计算检验统计量和相伴概率 P 值，若 P 值小于等于显著性水平 α，则拒绝原假设，认为因素的不同水平对观测变量产生显著影响；反之，接受零假设，认为因素的不同水平没有对观测变量产生显著影响。

8.1.3　实验数据

某农场进行某种农作物栽培试验，选用五个不同品种，每一品种在四块试验田上试种，亩产量如表 8-1 所示。

表 8-1　五个品种在四块田上的亩产量　　　　　单位：kg

A1	A2	A3	A4	A5
256	244	250	288	206
222	300	277	280	212
280	290	230	315	220
298	275	322	259	212

8.1.4　实验过程

打开 SPSS 软件后，选择菜单栏中的分析→比较平均值→单因素 ANOVA 检验，弹出对话框后，将变量亩产量移入因变量列表框，再将变量品种移入因子列表框，之后点击选项按钮弹出单因素 ANOVA 检验对话框，在统计选项中勾选方差齐性检验。点击继续后点击确定。

8.1.4.1　方差齐性检验

在 SPSS 中，首先要进行方差齐性检验，具体程序如图 8-1 至图 8-3 所示。

图 8-1　比较平均值：单因素 ANOVA

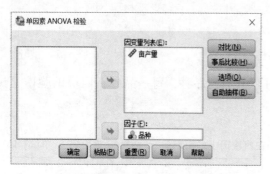

图 8-2　单因素 ANOVA 检验对话框　　　　图 8-3　单因素 ANOVA 检验子对话框

由表 8-2 可知，不同品种下亩产量的方差齐性检验值为 1.896，概率 P 值为 0.164。如果显著性水平 α 为 0.05，由于概率 P 值大于显著性水平，则不应拒绝原假设，认为不同品种下亩产量的总体方差无显著性差异，满足方差分析的前提要求。

表 8-2　不同品种下亩产量的方差齐性检验

		莱文统计	自由度 1	自由度 2	显著性
亩产量	基于平均值	1.896	4	15	0.164
	基于中位数	1.737	4	15	0.194
	基于中位数并具有调整后自由度	1.737	4	10.921	0.212
	基于剪除后平均值	1.897	4	15	0.163

8.1.4.2　单因素方差分析

由表 8-3 可知，不同品种对亩产量的单因素方差分析结果为：F 统计量的观测值为 4.306，对应的概率 P 值近似为 0.016。如果显著性水平 α 为 0.05，由于概率 P 值小于显著性水平 α，则应拒绝原假设，认为不同品种对亩产量产生了显著影响。

表 8-3　不同品种对亩产量的单因素方差分析

	平方和	自由度	均方	F	显著性
组间	13195.700	4	3298.925	4.306	0.016
组内	11491.500	15	766.100		
总计	24687.200	19			

8.1.4.3　多重比较检验

多重比较检验图示见图 8-4。在 SPSS 中，进行多重比较检验，具体程序如下：

打开 SPSS 软件后，选择菜单栏中的分析→比较平均值→单因素 ANOVA 检验，弹出对话框后，将变量亩产量移入因变量列表框，再将变量品种移入因子列表框；之后点击事后比较按钮，弹出对话框后勾选 LSD（L）、S-N-K（S）。点击继续后点击确定。

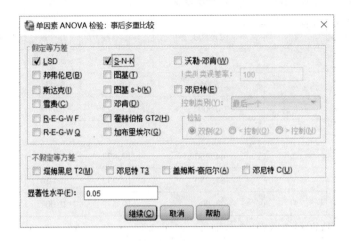

图 8-4 事后多重比较对话框

由表 8-4 可知，不同的两个品种之间亩产量均值的检验结果，根据检验统计量观测值的概率 P 值，当显著性水平 α 为 0.05 时，1、2、3、4 品种两两之间对亩产量无显著性差异，只有品种 5 和其他 4 个品种两两间分别对亩产量有显著性差异。

表 8-4 亩产量均值的多重比较检验

因变量：亩产量

	（I）品种	（J）品种	平均值差值（I-J）	标准错误	显著性	95%置信区间	
						下限	上限
LSD	1	2	−13.250	19.572	0.509	−54.97	28.47
		3	−5.750	19.572	0.773	−47.47	35.97
		4	−21.500	19.572	0.289	−63.22	20.22
		5	51.500*	19.572	0.019	9.78	93.22
	2	1	13.250	19.572	0.509	−28.47	54.97
		3	7.500	19.572	0.707	−34.22	49.22
		4	−8.250	19.572	0.679	−49.97	33.47
		5	64.750*	19.572	0.005	23.03	106.47
	3	1	5.750	19.572	0.773	−35.97	47.47
		2	−7.500	19.572	0.707	−49.22	34.22
		4	−15.750	19.572	0.434	−57.47	25.97
		5	57.250*	19.572	0.010	15.53	98.97

续表

因变量：亩产量

| | (I) 品种 | (J) 品种 | 平均值差值 (I-J) | 标准错误 | 显著性 | 95%置信区间 | |
						下限	上限
LSD	4	1	21.500	19.572	0.289	−20.22	63.22
		2	8.250	19.572	0.679	−33.47	49.97
		3	15.750	19.572	0.434	−25.97	57.47
		5	73.000 *	19.572	0.002	31.28	114.72
	5	1	−51.500 *	19.572	0.019	−93.22	−9.78
		2	−64.750 *	19.572	0.005	−106.47	−23.03
		3	−57.250 *	19.572	0.010	−98.97	−15.53
		4	−73.000 *	19.572	0.002	−114.72	−31.28

注：＊表示平均值差值的显著性水平为 0.05。

表 8-5 为不同品种多重比较检验的相似性子集结果。当显著性水平 α 为 0.05 时，均值为 212.50 的品种 5 与其他 4 个品种的均值有显著不同，被划分出来，形成两个相似性子集。在第一个子集中，组内相似的概率 P 值为 1，第二组组内相似的可能性大于 0.05，为 0.696。

表 8-5　亩产量

| | 品种 | 个案数 | Alpha 的子集 = 0.05 | |
			1	2
S-N-K[a]	5	4	212.50	
	1	4		264.00
	3	4		269.75
	2	4		277.25
	4	4		285.50
	显著性		1.000	0.696

将显示齐性子集中各个组的平均值。

注：a. 使用调和平均值样本大小，S-N-K = 4.000。

8.1.5　实验小结

单因素方差分析的基本分析只能判断控制变量是否对观测变量产生了显著影响，如果控制变量确实对观测变量产生了显著影响，还应进一步确定控制变量的不同水平对观测变量的影响程度如何，如其中哪个水平的作用明显区别于其他水平，哪个水平的作用是不显著的等。因此，需要进行多重比较检验。

8.2 多因素方差分析（Univariate 过程）

8.2.1 实验目的

掌握多因素方差分析的基本思想，熟练掌握其数据组织方式和具体操作。

8.2.2 实验原理

多因素方差分析是对一个独立变量是否受一个或多个因素或变量影响而进行的方差分析。它不仅能够分析多个因素对观测变量的独立影响，更能够分析多个因素的交互作用能否对观测变量产生显著影响。

由于多因素方差分析中观察变量不仅要受到多个因素独立作用的影响，而且因素交互作用和一些随机因素都会对变量产生影响。因此，观测变量值的波动要受到多个控制变量独立作用、控制变量交互作用及随机因素三方面的影响。

8.2.3 实验数据

某研究机构收集到有关公司员工职位级别、吸烟数量和吸烟程度（包含是否酗酒）的信息，具体数据来自 SPSS 自带数据集 "smoking. sav"。请分析员工职位情况、吸烟程度（包含是否酗酒）以及员工职位级别和吸烟程度（包含是否酗酒）的交互作用对吸烟数量是否有影响。

8.2.4 实验过程

多因素方差分析的基本操作步骤如下：打开 SPSS 软件后，选择菜单栏中的分析→一般线性模型→单变量，弹出对话框后，将变量 Count 移入因变量列表框，再将变量 Staff Group、Smoking 移入固定因子列表框；最后点击确定，操作过程如图 8-5 所示。

由表 8-6 可知，观测变量的总变差 SST 为 273481.992，它被分解为四个部分，分别是：由员工职位级别（staff）不同引起的变差（25212.180）、由吸烟程度（包含是否酗酒）的不同引起的变差（33147.508）、由员工职位级别和吸烟程度（包含是否酗酒）交互作用引起的变差（43858.285），以及由随机因素引起的变差（0）。这些变差除以各自的自由度后，得到各自的方差，并可以计算出各 F 检验统计量的观测值和在一定自由度下的概率 P 值，概率 P 值均为 0。如果显著性水平 α 为 0.05，由于概率 P 值都小于显著

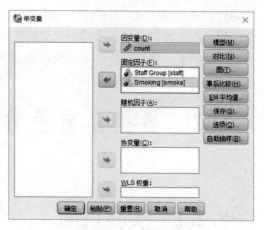

图 8-5　单变量对话框

性水平 α，则应拒绝原假设，认为不同的员工职位以及吸烟程度的不同分别对吸烟数量产生显著影响，而且不同的员工职位和不同的吸烟程度对吸烟数量产生显著的交互作用，即不同职位的员工无论是处于哪种吸烟程度都会对吸烟数量产生显著影响。

表 8-6　主体间效应检验

因变量：count

源	Ⅲ类平方和	自由度	均方	F	显著性
修正模型	94267.117[a]	5	18853.423	50.496	0.000
截距	157451.563	1	157451.563	421.710	0.000
staff	94267.117	5	18853.423	50.496	0.000
误差	179214.875	480	373.364		
总计	771018.000	486			
修正后总计	273481.992	485			

注：a. $R^2 = 0.345$（调整后 $R^2 = 0.338$）。

8.2.5　实验小结

在 SPSS 中，利用多因素方差分析功能还能够对各控制变量不同水平下观测变量的均值是否存在显著差异进行比较，实现方式有两种，即多重比较检验和对比检验。多重比较检验的方法与单因素方差分析类似。对比检验采用的是单样本 t 检验的方法，它将控制变量不同水平下的观测变量值看作来自不同总体的样本，并依次检验这些总体的均值是否与某个指定的检验值存在显著差异。

练习题

为了解三种不同配比的饲料对仔猪生长影响的差异，对三种不同品种的仔猪各选三头进行试验，分别测得它们的体重增加的重量如表 8-7 所示。

表 8-7　三种不同配比的饲料对仔猪生长影响的差异　　　　　　　　　单位：kg

A（饲料）＼B（品种）	B_1	B_2	B_3
A_1	51	56	45
A_2	53	57	49
A_3	52	58	47

假定其体重增长量服从正态分布，且各种配比的方差相等，分别用单因素方差分析和多因素方差分析研究不同饲料与不同品种对仔猪的生长有无显著影响。

实验 9

多元方差分析

9.1 实验目的

（1）掌握多元方差分析的基本思想。

（2）掌握利用 SPSS 软件实现多元方差分析的 MANOVA 过程和 GLM 过程，并能够正确解读结果。

（3）掌握利用 SPSS 软件进行多元正态分布检验的基本方法并能够正确解读结果。

9.2 实验原理

多元方差分析是数理统计的基本方法之一，然而在实际应用中，很多人将其错误地理解为多因素方差分析。多因素方差分析主要用来研究两个及两个以上控制变量是否对一个反应变量产生显著影响，从数学角度看，即要回答"多个总体的均值是否存在显著差异"的问题。而多元方差分析中的"多元"是真正意义上的多元，即反应变量为多个。从数学思想看，两种方法的基本思想相似，都是将反应变量的变异分解成两部分，一部分为组间变异，即组别因素的效应，另一部分为组内变异，即随机误差，然后对这两部分变异进行比较，所不同的是多因素方差分析是将组间均方与组内均方进行比较，多元方差分析是对组间协方差矩阵与组内协方差矩阵进行比较。

多元方差分析对数据资料的要求包括：

（1）各因变量服从多元正态分布：只要一个反应变量不服从正态分布，则这几个反应变量的联合分布肯定不服从多元正态分布。

（2）各观察对象之间相互独立。

（3）各组观察对象反应变量的方差协方差矩阵相等。

（4）各反应变量间的确存在一定的关系，这可以从专业或研究目的角度予以判断。

在 SPSS 软件中，可以通过 MANOVA 过程和 GLM 过程实现多元方差分析。其中，MANOVA 过程将不同水平的平均值进行比较，即 Deviation 对比；GLM 过程采用类似哑变量的形式，以某一水平为参照水平，其他水平与参照水平进行比较，即 Indicator 对比。

9.3 实验数据

选取我国 35 家上市公司为样本，这 35 家上市公司中 11 家属于电力、煤气及水的生产和供应业，15 家属于房地产业，9 家属于信息技术业。以这些公司 2008 年年报中净资产收益率（X_1）、总资产报酬率（X_2）、资产负债率（X_3）、总资产周转率（X_4）、流动资产周转率（X_5）、已获利息倍数（X_6）、销售增长率（X_7）、资本积累率（X_8）行业（Industry）相关数据为例，利用 SPSS 软件中多元方差分析过程对不同行业的上市公司的经营能力水平进行比较。数据见表 9-1。

表 9-1 多元方差分析实验数据

行业	公司简称	股票代码	净资产收益率	总资产报酬率	资产负债率	总资产周转率	流动资产周转率	已获利息倍数	销售增长率	资本积累率
			X_1	X_2	X_3	X_4	X_5	X_6	X_7	X_8
电力、煤气及水的生产和供应业	深圳能源	00027	9.17	4.92	53.45	0.39	1.57	3.56	2.76	33.00
	深南电 A	00037	0.61	1.23	61.17	0.60	1.74	1.41	-12.81	-0.01
	富龙热电	000426	-11.3	-5.56	48.89	0.13	0.76	-0.34	-40.10	-9.93
	穗恒运 A	000531	-7.70	-1.53	70.25	0.57	2.70	0.61	-29.45	-7.15
	粤电力 A	000539	0.34	-1.15	54.84	0.48	2.42	0.52	11.78	-7.72
	韶能股份	000601	-2.95	-1.29	61.79	0.27	2.52	0.53	15.77	-4.67
	ST 惠天	000692	-1.86	-0.81	63.34	0.40	1.09	0.43	8.08	-1.82
	城投控股	600649	12.28	8.46	39.92	0.25	0.57	40.20	29.21	-2.19
	大连热电	600719	1.58	0.96	60.53	0.32	0.70	1.31	-3.44	0.75
	华电能源	600726	0.43	0.33	77.63	0.40	2.39	1.08	12.66	-6.04
	国电电力	600795	1.26	0.20	71.65	0.26	1.68	1.10	-5.88	5.68
房地行业	长春经开	600215	0.09	0.21	29.10	0.05	0.08	1.23	9.07	0.09
	大龙地产	600159	1.21	0.09	61.63	0.04	0.05	1.84	-57.90	-0.08
	金丰投资	600606	9.78	6.51	46.07	0.20	0.31	6.22	-51.99	-8.40
	新黄浦	600638	6.81	5.96	31.91	0.12	0.31	5.57	-18.48	4.99
	浦东金桥	600639	9.02	6.16	42.74	0.20	0.86	4.51	40.62	4.75
	外高桥	600648	6.90	2.09	78.11	0.70	2.47	7.04	19.88	5.21
	中华企业	600675	14.31	6.82	63.67	0.37	0.44	5.89	33.93	11.82
	渝开发 A	000514	6.53	5.14	31.61	0.14	0.40	4.42	-15.56	6.64
	莱茵置业	000558	21.22	7.95	73.67	0.44	0.52	1.04	-13.15	28.42
	粤宏远 A	000573	-8.47	-4.84	44.12	0.14	0.24	-3.90	-26.72	-7.81
	中国国贸	600007	8.40	6.21	48.06	0.12	3.04	1.10	1.20	5.06
	万科 A	000002	12.65	5.77	67.44	0.37	0.39	10.62	15.38	8.93
	三木集团	000632	1.96	1.05	80.12	0.88	0.95	1.74	-11.30	-9.55
	国兴地产	000838	2.97	2.21	44.34	0.17	0.17	30.65	-74.76	3.06
	中关村	000931	9.69	1.72	80.11	0.47	0.57	2.03	-7.90	1.59

续表

行业	公司简称	股票代码	净资产收益率	总资产报酬率	资产负债率	总资产周转率	流动资产周转率	已获利息倍数	销售增长率	资本积累率
			X_1	X_2	X_3	X_4	X_5	X_6	X_7	X_8
信息技术业	中兴通讯	000063	11.65	5.02	70.15	0.98	1.21	4.28	27.36	17.40
	长城电脑	000066	1.01	0.39	53.93	1.35	3.57	1.22	-6.99	-30.87
	南天信息	000948	9.48	6.61	45.43	1.06	1.41	4.62	15.13	110.72
	同方股份	600100	3.57	2.63	53.32	0.78	0	2.79	-4.77	26.72
	永鼎股份	600105	2.54	1.69	71.91	0.42	0.63	1.87	27.49	2.63
	宏图高科	600122	10.71	5.42	57.49	1.77	2.12	3.21	33.03	11.23
	新大陆	000997	4.54	3.74	31.88	0.86	1.09	7.49	18.42	-6.27
	方正科技	600601	4.42	3.16	43.95	1.40	4.67	3.06	-13.58	4.73
	复旦复华	600624	4.44	3.68	49.44	0.53	0.85	3.19	13.57	2.60

资料来源：何晓群. 多元统计分析（第五版）[M]. 北京：中国人民大学出版社，2016：30.

9.4 实验过程

由于多元方差分析要求各因变量服从多元正态分布，但是目前常见的统计软件中多元正态性检验并不能够实现，所以在实际应用中这一条件通常弱化为每一个反应变量服从正态分布即可；并且，当数据量较大且没有明显的证据表明数据不服从多元正态分布时，通常认为数据来自多元正态分布。

9.4.1 正态性检验

在 SPSS 软件中，首先进行各反应变量的正态性检验，具体程序如下：打开 SPSS 软件后，选择菜单栏中的分析→描述统计→探索，弹出对话框后，将变量 X_1、X_2、X_3、X_4、X_5、X_6、X_7、X_8 移入因变量列表框，之后点击图按钮，弹出图对话框，在图选项中勾选含检验的正态图，点击继续后点击确定。

程序操作过程如图 9-1 至图 9-3 所示。

表 9-2 给出了柯尔莫戈洛夫—斯米诺夫（Kolmogorov-Smirnov）检验（简称 K-S 检验）和夏皮洛—威尔克（Shapiro-Wilk）检验（简称 W 检验）的结果。SPSS 中规定：如果指定的是非整数权重，则在加权样本大小为 3~50 时，计算 W 统计量；对于无权重或整数权重，在加权样本大小为 3~5000 时，也计算 W 统计量；其他情况计算 K-S 统计量。

单样本 K-S 检验可用于检验变量是否为正态分布。对于此两种检验，如果 Sig. 值大于 0.05，表明资料在95%的置信度下服从正态分布。在实际应用或一些 SPSS 统计分析教材中，常见"W 检验适用于样本量3~50之间的数据"的说法，这种理解是片面的。

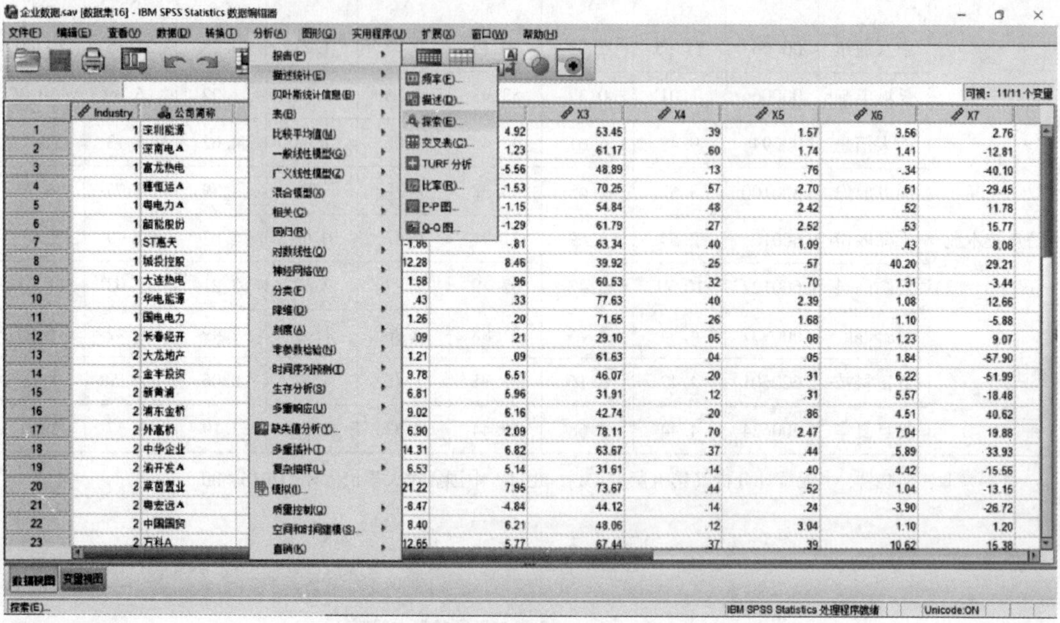

图 9-1　描述统计：探索对话框

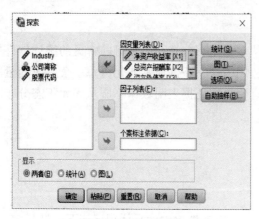

图 9-2　探索对话框

图 9-3　图对话框

本例属于无权重情形，两种统计量均可采用。另外，SPSS 软件自动在 K-S 检验结果中用"*"号标识了服从正态分布的变量。可以看到，净资产收益率、总资产报酬率、资产负债率、销售增长率服从正态分布，从而可以认为由这4个变量组成的向量服从多元正态分布。

对各反应变量的正态性检验，也可以通过非参数检验的方法实现，具体程序如下：

软件操作过程如图 9-4 和图 9-5 所示。打开 SPSS 软件后，选择菜单栏中的分析→非参数检验→旧对话框→单样本 K-S（1），弹出对话框后，将变量 X_1、X_2、X_3、X_4、X_5、

X_6、X_7、X_8移入检验变量列表框，之后对话框中勾选正态选项，点击确定。

表 9-2 正态性检验

	柯尔莫戈洛夫—斯米诺夫（V）[a]			夏皮洛—威尔克		
	统计	自由度	显著性	统计	自由度	显著性
净资产收益率	0.113	35	0.200 *	0.978	35	0.677
总资产报酬率	0.121	35	0.200 *	0.964	35	0.298
资产负债率	0.086	35	0.200 *	0.962	35	0.265
总资产周转率	0.180	35	0.006	0.864	35	0.000
流动资产周转率	0.164	35	0.018	0.885	35	0.002
已获利息倍数	0.281	35	0.000	0.551	35	0.000
销售增长率	0.103	35	0.200 *	0.949	35	0.104
资本积累率	0.251	35	0.000	0.655	35	0.000

注：* 为真显著性的下限；a 为里利氏显著性修正。

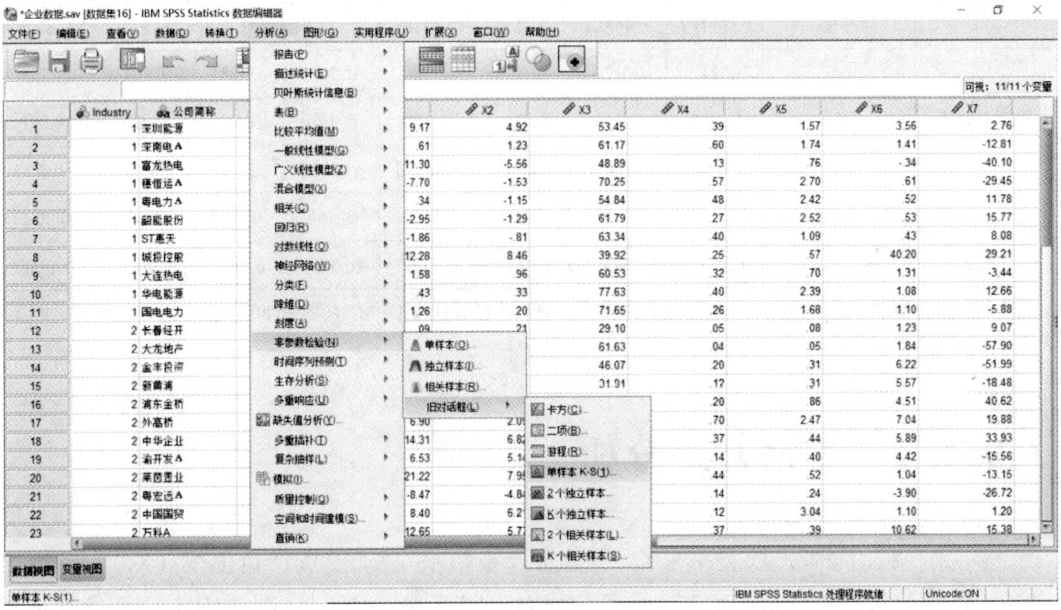

图 9-4 分析：非参数检验对话框

检验结果如表 9-3 所示。可以看到，利用非参数检验方法，只有已获利息倍数、资本积累率服从正态分布。

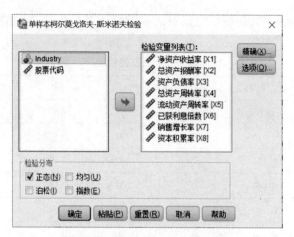

图 9-5　单样本 K-S 检验对话框

表 9-3　单样本 K-S 检验

		净资产 收益率	总资产 报酬率	资产 负债率	总资产 周转率	流动资产 周转率	已获利息 倍数	销售 增长率	资本 积累率
个案数		35	35	35	35	35	35	35	35
正态参数[a,b]	平均值	4.4940	2.6043	56.1046	0.5037	1.2711	4.6326	−1.6983	5.5289
	标准偏差	6.71117	3.44801	14.76758	0.41187	1.12109	8.22276	26.83506	21.80384
最极端差值	绝对	0.113	0.121	0.086	0.180	0.164	0.281	0.103	0.251
	正	0.069	0.060	0.074	0.180	0.164	0.281	0.064	0.251
	负	−0.113	−0.121	−0.086	−0.130	−0.128	−0.248	−0.103	−0.211
检验统计		0.113	0.121	0.086	0.180	0.164	0.281	0.103	0.251
渐近显著性（双尾）		0.200[c,d]	0.200[c,d]	0.200[c,d]	0.006[c]	0.018[c]	0.000[c]	0.200[c,d]	0.000[c]

注：a. 检验分布为正态分布；b. 根据数据计算；c. 里利氏显著性修正；d. 真显著性的下限。

9.4.2　多元方差分析

接下来，利用净资产收益率（X_1）、总资产报酬率（X_2）、资产负债率（X_3）、销售增长率（X_7）服从正态分布，这四个变量完成对不同行业公司运营能力的比较。程序如下：

打开 SPSS 软件后，选择菜单栏中的分析→一般线性模型→多变量，弹出对话框后，将变量 X_1、X_2、X_3、X_7 移入因变量框，再将行业变量移入固定因子框。①在对话框中点击 EM 平均值选项，选择显示下列各项的平均值：行业，点击继续；②选择对话框中的选项，勾选方差齐性检验（多元方差分析方法适用性检验），点击继续；③选择对话框中的对比→更改对比框，勾选简单、第一个（分行业的两两比较）选项，点击继续。最后点击确定。

软件操作过程如图9-6至图9-9所示。

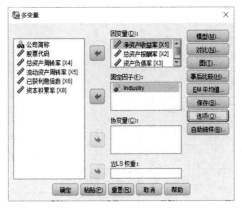

图9-6　多变量对话框

图9-7　多变量：估计边际平均值

图9-8　多变量：选项对话框

图9-9　多变量：对比对话框

程序执行结果见表9-4至表9-8。多元方差分析对于资料的正态性影响比较稳健，而对于各组方差协方差矩阵是否齐性较为敏感。表9-4为各行业间协方差矩阵是否齐性的检验，表9-5为各个反应变量在各行业间方差是否齐性的Levene检验。从表9-4可以看到，Box统计量的值为29.207，经过变换计算后F统计量为1.172，对应的Sig.值为0.269，大于0.05，表明在95%的置信度下，3个行业总体方差协方差矩阵相等。

表9-4　协方差矩阵的博克斯等同性检验[a]

博克斯 M	29.207
F 统计量	1.172
自由度 1	20
自由度 2	2585.573
显著性	0.269

注：检验"各个组的因变量实测协方差矩阵相等"这一原假设。a. 设计：截距 + Industry。

表9-5的Levene检验实际上是按照自变量的取值水平组合，考察每个反应变量在

不同水平组合间的方差是否齐性。可以看到，变量净资产收益率、总资产报酬率、销售增长率的 Sig. 值均大于 0.05，在 95% 的置信度下，这三个变量在各行业间的方差相同；资产负债率的 Sig. 值大于 0.01，表明在 99% 的置信度下，资产负债率在各行业间的方差相同。总体来看，四个变量通过了 Levene 检验，可以采用方差分析方法。

表 9-5　误差方差的莱文等同性检验[a]

		莱文统计	自由度 1	自由度 2	显著性
净资产收益率	基于平均值	0.500	2	32	0.611
	基于中位数	0.727	2	32	0.491
	基于中位数并具有调整后自由度	0.727	2	28.872	0.492
	基于剪除后平均值	0.511	2	32	0.604
总资产报酬率	基于平均值	1.759	2	32	0.188
	基于中位数	1.066	2	32	0.356
	基于中位数并具有调整后自由度	1.066	2	26.963	0.359
	基于剪除后平均值	1.674	2	32	0.204
资产负债率	基于平均值	4.537	2	32	0.018
	基于中位数	2.673	2	32	0.084
	基于中位数并具有调整后自由度	2.673	2	27.681	0.087
	基于剪除后平均值	4.555	2	32	0.018
销售增长率	基于平均值	1.739	2	32	0.192
	基于中位数	1.775	2	32	0.186
	基于中位数并具有调整后自由度	1.775	2	24.556	0.191
	基于剪除后平均值	1.777	2	32	0.185

注：检验"各个组中的因变量误差方差相等"这一原假设。a. 设计：截距 + Industry。

表 9-6 显示的是多元方差分析的结果，可见每个假设都分别用了四种方法进行检验，四种方法检验的 Sig. 值均小于 0.05，可以认为在 95% 的置信度下，三个行业（电力、煤气及水的生产和供应业，房地产业，信息技术业）的运营能力是存在显著差异的。

表 9-6　多变量检验[a]

效应		值	F	假设自由度	误差自由度	显著性
截距	比莱轨迹	0.967	209.405[b]	4.000	29.000	0.000
	威尔克 Lambda	0.033	209.405[b]	4.000	29.000	0.000
	霍特林轨迹	28.883	209.405[b]	4.000	29.000	0.000
	罗伊最大根	28.883	209.405[b]	4.000	29.000	0.000

效应		值	F	假设自由度	误差自由度	显著性
Industry	比莱轨迹	0.481	2.373	8.000	60.000	0.027
	威尔克 Lambda	0.563	2.411[b]	8.000	58.000	0.025
	霍特林轨迹	0.698	2.443	8.000	56.000	0.024
	罗伊最大根	0.559	4.193[c]	4.000	30.000	0.008

注：a. 设计：截距 + Industry；b. 精确统计；c. 此统计是生成显著性水平下限的 F 的上限。

表 9-7 给出了各行业各反应变量的均值。可以看到，房地产业和信息技术业的净资产收益率、总资产报酬率显著高于电力、煤气及水的生产和供应业，而资产负债率却低于电力、煤气及水的生产和供应业，从销售增长率上看，信息技术业则以较大的优势领先。

表 9-7　分行业反应变量均值

因变量	Industry	平均值	标准误差	95%置信区间	
				下限	上限
净资产收益率	1	0.169	1.866	−3.631	3.969
	2	6.871	1.598	3.617	10.125
	3	5.818	2.062	1.617	10.019
总资产报酬率	1	0.524	0.975	−1.463	2.510
	2	3.537	0.835	1.836	5.238
	3	3.593	1.078	1.397	5.789
资产负债率	1	60.315	4.495	51.158	69.471
	2	54.847	3.849	47.006	62.688
	3	53.056	4.969	42.933	63.178
销售增长率	1	−1.038	7.830	−16.987	14.911
	2	−10.512	6.705	−24.170	3.146
	3	12.184	8.656	−5.448	29.816

表 9-8 给出的是三个行业两两比较的结果，以第一个行业（电力、煤气及水的生产和供应业）为参照，第二个行业（房地产业）、第三个行业（信息技术业）分别与第一个行业比较。可以看到，房地产业与电力、煤气及水的生产和供应业相比，净资产收益率、总资产报酬率 Sig. 值小于 0.05，而资产负债率和销售增长率的 Sig. 值大于 0.05，可以认为在 95% 的置信度下，这两个行业的运营能力的差异主要体现在净资产收益率、总资产报酬率方面，在资产负债率和销售增长率方面没有显著差异。同理，信息技术业与电力、煤气及水的生产和供应业相比，两者运营能力的差异主要体现在总资产报酬率上。

表 9-8 主体间效应检验

源	因变量	Ⅲ类平方和	自由度	均方	F	显著性
修正模型	净资产收益率	306.300ᵃ	2	153.150	4.000	0.028
	总资产报酬率	69.464ᵇ	2	34.732	3.320	0.049
	资产负债率	302.366ᶜ	2	151.183	0.680	0.514
	销售增长率	2904.588ᵈ	2	1452.294	2.154	0.133
截距	净资产收益率	615.338	1	615.338	16.073	0.000
	总资产报酬率	218.016	1	218.016	20.841	0.000
	资产负债率	105315.459	1	105315.459	473.833	0.000
	销售增长率	1.497	1	1.497	0.002	0.963
Industry	净资产收益率	306.300	2	153.150	4.000	0.028
	总资产报酬率	69.464	2	34.732	3.320	0.049
	资产负债率	302.366	2	151.183	0.680	0.514
	销售增长率	2904.588	2	1452.294	2.154	0.133
误差	净资产收益率	1225.054	32	38.283		
	总资产报酬率	334.753	32	10.461		
	资产负债率	7112.406	32	222.263		
	销售增长率	21579.511	32	674.360		
总计	净资产收益率	2238.216	35			
	总资产报酬率	641.598	35			
	资产负债率	117585.075	35			
	销售增长率	24585.045	35			
修正后总计	净资产收益率	1531.354	34			
	总资产报酬率	404.217	34			
	资产负债率	7414.772	34			
	销售增长率	24484.099	34			

注：a. $R^2 = 0.200$（调整后 $R^2 = 0.150$）；b. $R^2 = 0.172$（调整后 $R^2 = 0.120$）；c. $R^2 = 0.041$（调整后 $R^2 = -0.019$）；d. $R^2 = 0.119$（调整后 $R^2 = 0.064$）。

多元方差分析也可以通过 MANOVA 过程编程实现，程序如下：打开 SPSS 软件后，选择菜单栏中的文件→新建→语法，弹出对话框后，将变量 X_1、X_2、X_3、X_7 BY 移入 MANOVA 中，再将行业变量范围设定为（0，1）；最后点击运行，选择全部。

结论同上，不再赘述。

9.5　实验小结

在进行多元方差分析时，如果分组变量的水平较少，也可以用 Hotelling T2 检验（单因素 t 检验在多因素条件下的推广）进行统计分析，将在表 9-6 中输出行业对应的 Hotelling's Trace 值*（n-组数），从而得到 Hotelling T^2 统计量。

总体上，多元方差分析对于方差齐性的要求较高，计算结果对于方差齐性较为敏感，并且对样本容量也有一定的要求，不仅要求样本总量较大，而且各组中样本量也越大越好，否则检验的效能较低，犯第二类错误的概率较大。

 练习题

1. 收集我国东、中、西部各省区市关于信息化发展水平的相关信息，利用多元方差分析的方法检验东、中、西部的信息化发展水平是否存在显著差异，进而分析其原因并给出相应的政策建议。

2. 利用多元方差分析的方法分析我国城乡居民生活质量的差异。

列联分析与
卡方检验

10.1 实验目的

掌握列联分析的基本方法，了解卡方检验的基本思想，熟练掌握具体操作。

10.2 实验原理

列联表是指一个频率对应两个变量的表（第一个变量用来对行分类，第二个变量用来对列分类）。列联表非常重要，它经常被用来分析调查结果。它有两个基本任务：第一，根据收集到的样本数据产生二维或多维交叉列联表；第二，在列联表基础上，对两两变量间是否存在一定的相关性进行分析。

列联表的频数分布不可以用来直接确定行、列变量之间的关系及关系的强弱。二维列联表的检验问题是行、列变量的独立性检验。独立性检验指的是对列联表中行变量和列变量无关这个零假设进行的检验，即检验行、列变量之间是否彼此独立。常用的衡量变量间相关程度的统计量是简单相关系数，但在交叉列联表分析中，由于行、列变量往往不是连续等距变量，不符合计算简单相关系数的前提要求。

所以，一般采用的检验方法是卡方（χ^2）检验，它的计算公式为：

$$\chi^2 = \sum \frac{(f_0 - f_e)^2}{f_e} \tag{10-1}$$

其中，f_0 表示实际观察频数，f_e 表示期望频数。

10.3 实验数据

某大学对该校学生的实验实践教学感知与效果进行了问卷调查分析。表 10-1 是该校大学生按性别对本校实验实践课程的学习环境及条件的满意度情况。问该校男女对学校实验实践课程的学习环境及条件的满意度有无差别？

表 10-1　该校大学生性别以及对本校实验实践课程的学习环境及条件是否满意

性别		非常 不满意	比较 不满意	一般	比较满意	非常满意	合计
男	频数（人）	3	3	36	28	22	92
	行百分比（%）	3.26	3.26	39.13	30.43	23.91	100.00
女	频数（人）	2	18	73	84	29	206
	行百分比（%）	0.97	8.74	35.44	40.78	14.08	100.00
合计	频数（人）	5	21	109	112	51	298
	行百分比（%）	1.68	7.05	36.58	37.58	17.11	100.00

10.4　实验过程

将各个变量在 SPSS 中进行设置，设置结果如图 10-1 所示。

	名称	类型	宽度	小数位数	标签	值	缺失	列	对齐	测量	角色
1	性别	数字	8	0		{1, 男}...	无	8	右	名义	输入
2	满意度	数字	8	0		{1, 非常不满...	无	8	右	名义	输入
3	频数	数字	8	0		无	无	8	右	名义	输入

图 10-1　满意度调查数据编辑器对话框

10.4.1　加权个案

在 SPSS 中，首先对个案进行加权，具体程序如下：打开 SPSS 软件后，选择菜单栏中的数据→个案加权，弹出对话框后，将变量频数移入频率变量框，然后点击确定，见图 10-2。

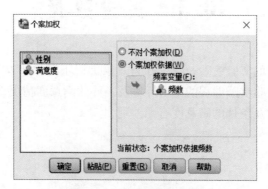

图 10-2　个案加权对话框

10.4.2　列联表

在 SPSS 中，列联表的具体程序如下：打开 SPSS 软件后，选择菜单栏中的分析→描述统计→交叉表，弹出对话框后，将变量性别移入行变量列表框，再将变量满意度移入列变量列表框，见图 10-3。①在对话框中点击统计选项，勾选卡方，点击继续，见图 10-3；②选择对话框中的精确检验选项，勾选仅渐进法，点击继续，见图 10-4；③选择对话框中的单元格显示选项，勾选实测、单元格计数四舍五入，点击继续，见图 10-6；④选择对话框中的格式选项，勾选升序选项，点击继续，见图 10-7。最后点击确定。

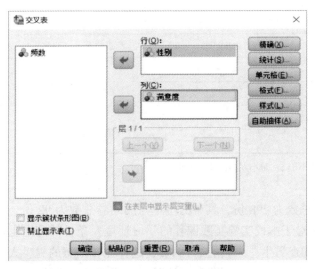

图 10-3　交叉表对话框

图 10-4　交叉表：统计对话框

图 10-5　精确检验对话框

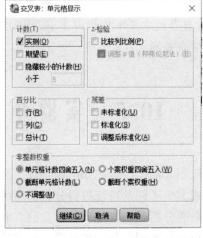

图 10-6　交叉表：单元格显示对话框

图 10-7　交叉表：
表格式对话框

列联表输出的结果如表 10-2 和表 10-3 所示。

表 10-2　性别满意度交叉表

计数

		满意度					总计
		非常不满意	比较不满意	一般	比较满意	非常满意	
性别	男	3	3	36	28	22	92
	女	2	18	73	84	29	206
总计		5	21	109	112	51	298

表 10-3　卡方检验

	值	自由度	渐进显著性（双侧）
皮尔逊卡方	10.337[a]	4	0.035
似然比卡方	10.425	4	0.034
线性关联	0.807	1	0.369
有效个案数	298		

注：a. 2 个单元格（20.0%）的期望计数小于 5；最小期望计数为 1.54。

由表 10-2 可知，有效的问卷总数为 298 份，其中男生填写的问卷总数为 92 份，女生填写的问卷总数为 206 份。男生中对于本校实验实践课程的学习环境及条件的问题上选择非常满意的人数为 22 人，占参加调查男生总人数的 23.91%，选择比较满意的男生人数为 28 人，所占百分比为 30.43%。而女生选择非常满意和比较满意的比例分别为 14.08%、40.78%。

由表 10-3 可知，皮尔逊卡方值为 10.337，概率 $P = 0.035$；似然比卡方值为 10.425，概率 $P = 0.034$，在 0.05 显著性水平下拒绝 H_0，说明该校男生和女生对本校实验实践课程学习环境及条件的满意度有差异。

10.5　实验小结

列联表在生活中的应用非常广泛，比如问卷调查、产品检验、医学统计等领域。对这些领域中的问题按两个或多个不同的特征进行分类，然后对样本进行交叉汇总后就得到了各种各样的列联表。列联表分析的内容是比较丰富的，既可以做卡方检验，又可以计算相关系数做相关分析，还可根据不同的数据类型给出相应的关联系数。

练习题

　　某大学对该校学生的实验实践教学感知与效果进行了问卷调查分析。表10-4为该校不同年级的学生对本校教师在实验实践教学中的授课方式的满意度情况。问该校不同年级的学生对本校教师在实验实践教学中的授课方式的满意度有无差别？

表 10-4　不同年级学生对教师在实验实践教学中的授课方式的满意度

		非常不满意	比较不满意	一般	比较满意	非常满意	总计
大一	频数	0	0	7	17	9	33
	行百分比（%）	0	0	21.21	51.52	27.27	100
大二	频数	1	1	15	10	4	31
	行百分比（%）	3.23	3.23	48.39	32.26	12.90	100
大三	频数	2	18	50	88	29	187
	行百分比（%）	1.07	9.63	26.74	47.06	15.51	100
大四	频数	2	1	19	24	1	47
	行百分比（%）	4.26	2.13	40.43	51.06	2.13	100
总计	频数	5	20	91	139	43	298
	行百分比（%）	1.68	6.71	30.54	46.64	14.43	100

实验 11

多选题分析

11.1　实　验　目　的

（1）掌握多选题在 SPSS 26 软件中的定义方式。

（2）掌握利用 SPSS 26 软件对多选题进行基本频数分析和列联分析的方法，并能够正确解读输出结果。

（3）掌握利用 SPSS 26 软件对多选题进行深度分析的方法。

11.2　实　验　原　理

多选题（Multiple Choice）又称多重应答（Multiple Response），是社会科学领域中调查问卷的一种常见问题形式，其本质上属于分类数据。一直以来，在 SPSS 26 软件中这类题目都是使用的"Multiple Response"过程进行频数分析和列联分析，但是一方面，简单的频数分析无法挖掘数据的深度信息，另一方面，直接使用该过程进行列联分析无法进行卡方检验，显然"Multiple Response"过程对多选题数据的开发利用是远远不够的，实际上我们还可以使用其他分析方法对数据进行深度分析。

11.3　实　验　数　据

在对农民工返乡创业的调查问卷中，有以下问题：

Q1. 您返乡的主要原因是什么？（可多选）

（1）企业裁员

（2）企业停产倒闭

（3）孩子教育

（4）照顾老人

（5）年纪大了

（6）务工收入低

（7）务工没有保障

（8）家乡发展机会更好

数据见文件"实验 11 数据. sav"。

11.4 实验过程

11.4.1 多选题数据的录入

11.4.1.1 标准录入方式

SPSS 26 软件中对于多选题答案的标准录入方式有两种：

第一种是多重分类法（Multiple Category），即根据被访者可能提供的答案数量来设置相应个数的变量，变量定义方法如图 11-1 所示。

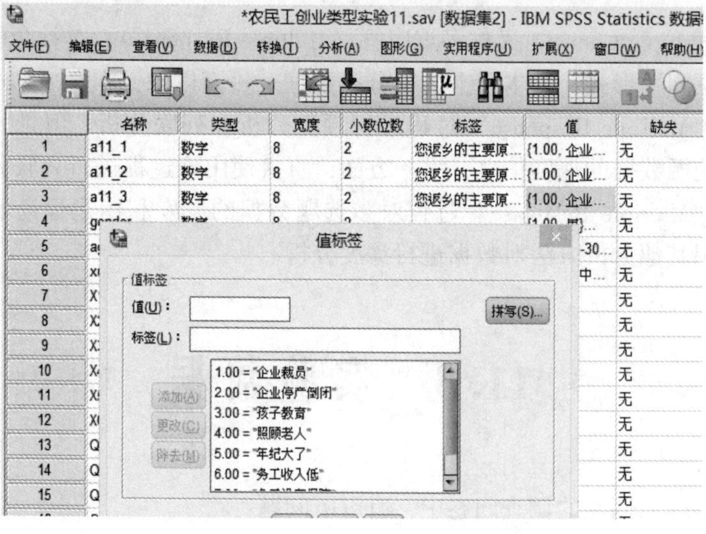

图 11-1 多选题的多重分类法（Multiple Category）定义

本题目有 5 个选项，被调查者选项范围为 1~5 个，所以按照满足最多选项个数的原则，需要定义 3 个变量，分别是 a11_1、a11_2、a11_3，每个变量的变量名标签都是一样的，即题干"您返乡的主要原因"。这 3 个变量的变量值标签也全部相同，均为：①企业裁员；②企业停产倒闭；③孩子教育；④照顾老人；⑤年纪大了；⑥务工收入低；⑦务工没有保障；⑧家乡发展机会更好。

数据的录入方法如图 11-2 所示。

图 11-2 中第一个被调查者的选项代码为 1、5，第二个被调查者的选项代码为 2、4、6，以此类推。

第二种是多重二分法（Multiple Dichotomy），即把该多选题的每个候选答案均看作一个变量来定义，0 代表该选项没有被选中，1 代表该选项被选中。变量定义方式如图 11-3 所示。

与图 11-2 相对应，多重二分法下数据的录入格式如图 11-4 所示。

实际操作中，我们基本都会采用第二种数据录入方式，因为大多数被访者只会选择相对较少的几个候选答案作为自己所提交的答案，如果我们采用第一种录入方式就显得烦琐，输入数据时也容易出错，尤其是当样本量较大时，不利于提高工作效率。

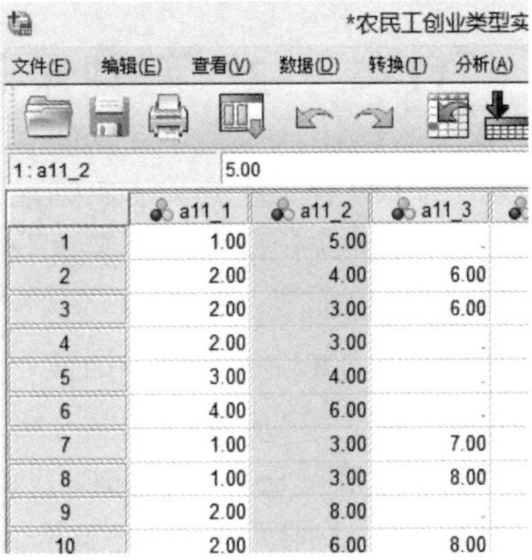

	a11_1	a11_2	a11_3
1	1.00	5.00	.
2	2.00	4.00	6.00
3	2.00	3.00	6.00
4	2.00	3.00	.
5	3.00	4.00	.
6	4.00	6.00	.
7	1.00	3.00	7.00
8	1.00	3.00	8.00
9	2.00	8.00	.
10	2.00	6.00	8.00

图 11-2　多重分类法数据录入示例

图 11-3　多选题多重二分法变量定义

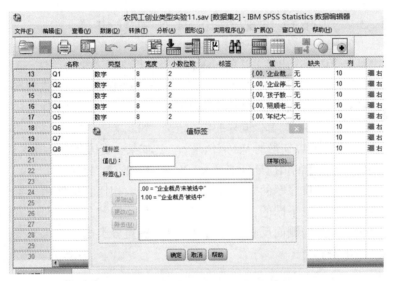

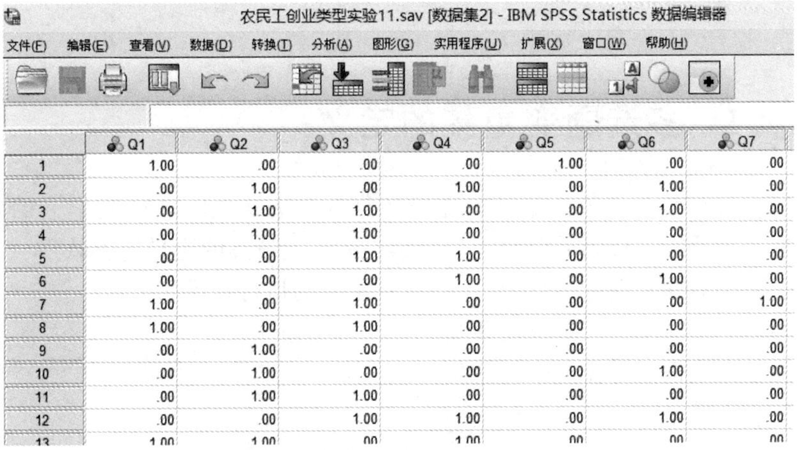

	Q1	Q2	Q3	Q4	Q5	Q6	Q7
1	1.00	.00	.00	.00	1.00	.00	.00
2	.00	1.00	.00	1.00	.00	1.00	.00
3	.00	1.00	1.00	.00	.00	1.00	.00
4	.00	1.00	1.00	.00	.00	.00	.00
5	.00	.00	1.00	1.00	.00	.00	.00
6	.00	.00	.00	1.00	.00	1.00	.00
7	1.00	.00	1.00	.00	.00	.00	1.00
8	1.00	.00	1.00	.00	.00	.00	.00
9	.00	1.00	.00	.00	.00	.00	.00
10	.00	1.00	.00	.00	.00	1.00	.00
11	.00	1.00	1.00	.00	.00	.00	.00
12	.00	.00	1.00	1.00	.00	1.00	.00
13	1.00	1.00	.00	1.00	.00	.00	.00

图 11-4　多重二分法数据录入示例

11.4.1.2 两种录入方式的转换

由于只有二重分类法数据录入方式才是符合统计分析原则的数据排列格式,能够直接进行深度的统计推断,而多重分类法录入方式只是一种简化记录方式,需要转化为前者。其转换方法如下:

点击"文件→新建→语法"命令,在弹出的 Syntax 对话框中输入命令"Count→Q1 = a11_1 a11_2 a11_3 (1) →EXECUTE"。

Q1 代表受访者是否选择了候选答案 1,如果在 a11_1~a11_3 中有人选择了 1,则 Q1 取值为 1,否则为 0。以此类推,依次生成新变量 Q2~Q8,就可以把 a11_1~a11_3 三个以多重分类法录入的数据转化成了 Q1~Q8 八个以二重分类法录入的数据。

11.4.1.3 排序选择数据的录入与分析

如果上例中要求受访者选出最关注的三项,并且进行排序"第一关注、第二关注、第三关注",常见的处理方式是按照多重分类法的方式定义 3 个变量,然后进行频数分析,根据各选项的频率确定重要性。这种处理实际失去了排序的意义。正确的操作方法是定义 T1~T8 8 个变量,每个变量的"Value"都做同样的如下定义:"1"未选,"2"排第一位,"3"排第二位,"4"排第三位。录入时以变量的 Value 值录入。比如某一受访者三个横线上分别填写的是 4、2、7,则该题的 8 个变量的值应该分别录入:1、3、1、2、1、1、4、1。

该方法是对多选题和排序题的方法结合的一种方法,相比直接使用多重分类法录入数据,两者采用的分析方法是不同的,多重分类法主要使用频数分析,而前者则可以采用描述分析;输出结果从不同的侧面反映问题的重要性,多重分类法从位次及变量的频数看排序,而前者从变量出发看排序。

11.4.2 多选题数据的基本分析

11.4.2.1 多选题变量集的定义

在 SPSS 26 软件中,设立了专门的过程来分析多选题,即分析菜单下的多重响应过程。对多选题进行分析,首先需要定义变量集,通过变量集的定义告诉软件"哪几个变量是一个题目,需要放在一起进行分析"。变量集定义的执行程序如下:

点击"分析→多重响应→定义变量集"

集中的变量列表框 a11_1、a11_2、a11_3

◉类别:范围 ①到 ③(多重分类法)或者

◉二分法:计数 ①(二重分类法)

名称：（变量集的名称，可以自己定义）　添加

关闭

SPSS 软件操作如图 11-5、图 11-6 所示。注意：变量集定义好之后，不能关闭对话框，否则变量集的定义就失效了。

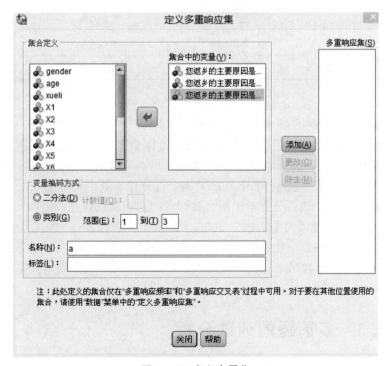

图 11-5　多重响应分析

图 11-6　定义变量集

11.4.2.2　多选题的频数分析

变量集定义好之后，可以对多选题进行频数分析，具体程序如下：

点击"分析→多重响应→频率"

表格列表框：$q（q即为之前定义好的变量集）

确定

输出结果如表11-1、表11-2所示。

表11-1　个案摘要

	个案					
	有效		缺失		总计	
	个案数	百分比	个案数	百分比	个案数	百分比
$ aᵃ	508	73.7%	181	26.3%	689	100.0%

注：a. 组。

表11-2　变量集 a 的频数分析

		响应		个案百分比
		个案数	百分比	
$ aᵃ	企业裁员	147	21.1%	28.9%
	企业停产倒闭	252	36.2%	49.6%
	孩子教育	298	42.8%	58.7%
总计		697	100.0%	137.2%

注：a. 组。

表11-1显示了样本的基本信息，结果表明本例样本容量为508人，无缺失值。表11-2显示的是变量集a的频数分析的结果，可以看到，在508个被调查者中，选择"企业裁员"的有147人，选择"企业停产倒闭"的有252人，以此类推。508个被调查者总共选择了697个答案。表11-2中显示了3个百分比，其中标名为"百分比"的一般称为响应次数的百分比，该百分比基于所有被调者的选项总数计算，例如"企业裁员"的百分比为21.1%，计算过程为147/697×100%＝21.1%。标名为"个案百分比"的一般称为响应人数的百分比，该百分比基于所有被调查者总数计算，例如"企业裁员"的百分比为28.9%，计算过程为147/508×100%＝28.9%。实际应用中基于响应人数的百分比更具有意义。

11.4.2.3　多选题的列联分析

同样可以对多选题进行列联分析，例如要分析不同性别的被调查者对各专项服务的选择是否存在显著差异，定义好变量集之后，可执行如下程序：

点击"分析→多重响应→交叉表"

行列表框：性别 定义范围　最小值 1

最大值 2　　　继续

行列表框：$ q（q 即为之前定义好的变量集）

确定

输出结果如表 11-3 所示。

表 11-3　多选题列联表分析

			性别		总计
			男	女	
$ a[a]	企业裁员	计数	89	58	147
	企业停产倒闭	计数	157	95	252
	孩子教育	计数	173	125	298
总计		计数	308	200	508

注：a. 组；百分比和总计基于响应者。

也可以列联分析对话框的"选项"按钮中选择添加行百分比、列百分比和总体百分比，需要注意的是，SPSS 26 软件默认输出的百分比是基于响应人数的。

11.4.3　多选题数据的深度分析

11.4.3.1　卡方检验

在 SPSS 26 中的"多重响应"过程下定义好变量集后，可以使用频率分析和交叉表分析进行基本的分析，但遗憾的是在此操作中无法进行卡方检验，我们可以采取以下步骤弥补此缺憾：

第一步，输出基本的列联分析表，如表 11-3 所示。

第二步，根据列联分析的结果生成新的数据文件，文件中包含三个变量："性别""创业类型"和"权数"，并按照表 11-3 的数据录入新数据，其中"性别"中的 1 代表男，2 代表女；"创业类型"中的代码含义与表 11-3 中相同；"权数"即为列联表中相应的频数。整理结果如表 11-4 所示。

表11-4 权重

创业类型	性别	权数
1	1	89
2	1	157
3	1	173
1	2	58
2	2	95
3	2	125

第三步，利用"数据→加权个案"过程，以变量"权数"为加权变量，对应表中的每个组成元素的位置进行加权。

第四步，对上述加权后的数据，利用"描述统计"过程中的"交叉表"进行列联分析和卡方检验，可得"Pearson Chi-Square = 0.652, sig. = 0.957"，可见不同性别的对象和所选择的返乡原因不存在显著差异。

但这种方法也存在缺陷，一方面操作相对比较复杂，另一方面没有给出具体的每个选项与其他变量的检验情况，为此，可以利用转化后的每一个新变量 Q1~Q8 与性别变量直接利用"描述"中的"交叉表"进行列联分析和卡方检验，结果如表11-5所示。可见，在90%的置信度下，不同性别的个体在"企业裁员""企业停产倒闭""孩子教育""照顾老人""务工收入低""家乡发展机会更好"方面不存在显著差异，不同性别的个体在"年纪大了""务工没有保障"方面有显著差异。

表11-5 新变量与性别的卡方检验

返乡原因	Chi-Square	Sig.
企业裁员	0.025	0.875
企业停产倒闭	0.240	0.624
孩子教育	2.054	0.152
照顾老人	0.666	0.414
年纪大了	3.601	0.058
务工收入低	0.062	0.803
务工没有保障	3.659	0.056
家乡发展机会更好	0.016	0.899

11.4.3.2 多重对应分析

利用转化后的新变量 Q1~Q8 还可以进行多重对应分析，用以挖掘该数据与其他若干个变量之间的相互关系。例如研究"客户关注的专享服务""性别"和"年龄"三个变量之间的联系，选择菜单 Analyze（分析）→Data Reduction（数据整理）→Optimal Scaling（最优质量），选中变量 Q1~Q8、"性别"和"年龄"后，然后通过点击 Define Range，为每个变量设置取值范围，点击确定按钮后就会输出多重对应分析图。在解释多重对应分析图时要遵从的原则和简单对应分析图类似，即从原点（0，0）出发做四象限图，落在同一象限内的各个变量类别间可能有联系。

11.4.3.3　多选题数据的二分类 Logistic 回归分析

利用列联分析以及卡方检验虽然可以很好地控制混杂因素的影响，但无法描述其作用的大小和方向，对于数据格式为二重分类的多选题变量 Q1~Q5，我们还可以以 Q1~Q5 分别为因变量，以背景变量为影响因素，进行二分类的 Logistic 回归分析。仅以 Q5 为例，在建立 Logistic 模型时，因变量 Y 为在多项选择时是否选择了"年纪大了"，若选中则赋值为 1，否则为 0；对于自变量性别、学历、年龄也要做相应的虚拟变量处理：X_1 表示性别，男 = 1，女 = 0；X_2 表示文化程度为初中及以下的虚拟变量，若选中则取值为 1，否则为 0；X_3 表示文化程度为高中或中专的虚拟变量，若选中则取值为 1，否则为 0（这里文化程度有初中及以下、高中或中专、大专及以上三种，所以选取两个虚拟变量）；X_4 表示年龄为 18~30 岁的虚拟变量，若选中则取值为 1，否则为 0；X_5 表示年龄为 30~40 岁的虚拟变量，若选中则取值为 1，否则为 0；X_6 表示年龄为 40~50 岁的虚拟变量，若选中则取值为 1，否则为 0（这里年龄选项包括 18~30 岁、30~40 岁、40~50 岁、50 岁以上，所以选取三个虚拟变量）。此时可以建立以下 Logistic 回归方程：

$$P = \frac{e^{\beta_0+\beta_1X_1+\beta_2X_2+\beta_3X_3+\beta_4X_4+\beta_5X_5+\beta_6X_6}}{1 + e^{\beta_0+\beta_1X_1+\beta_2X_2+\beta_3X_3+\beta_4X_4+\beta_5X_5+\beta_6X_6}} \tag{11-1}$$

利用"分析→回归→二元 Logistic"命令可得回归结果（见表 11-6）。

表 11-6　二分类 Logistic 回归结果

		B	S. E.	Wald	df	Sig.	Exp（B）
Step1（a）	X_1	0. 474	0. 2515	3. 5532	1	0. 059	1. 606
	Cons	−2. 376	0. 174	184. 9	1	0. 000	0. 940
Step2（a）	X_1	1. 124	0. 303	13. 773	1	0. 000	3. 076
	X_6	−1. 19	0. 373	10. 191	1	0. 001	0. 304
	Cons	−2. 37	0. 174	184. 87	1	0. 000	0. 940

可见，部分年龄和性别对是否选择"年龄较大"的原因影响达到显著性要求，具有统计意义，方程有效度经 χ^2 检验，$\chi^2 = 13.972$，显著性水平为 0.001。Logistic 回归的分类概率方程为：

$$P = \frac{e^{-2.37+1.124X_1-1.19X_6}}{1 + e^{-2.37+1.124X_1-1.19X_6}} \tag{11-2}$$

11.4.3.4 排序多选题的因子分析

因子分析是一种化简多变量的技术，通过线性变换，将原来的多个指标合成相互独立的少数几个能充分反映总体信息的指标。这种方法同样可以应用到多选题数据的分析中。例如对前文提到的排序选择题，简单的频数分析显然不能综合地反映问题，而因子分析法不仅可以进行综合分析，发现公因子，而且可以得到更多的信息。其具体操作如下：

第一，利用"转换"命令，对T1~T8八个变量分别赋值：选为第一重要的赋值为10分，选为第二重要的赋值为7分，选为第三重要的赋值为4分，其他赋值为0分。

第二，利用"分析→数据降维→因子"命令进行因子分析。对于输出结果的分析，与一般因子分析相同，此处不再赘述。

 练习题

在以下移动公司为全球通 VIP 客户提供的专享服务，您比较关注的是（可多选）：
(1) 积分回馈
(2) 免费更换大容量 SIM 卡
(3) 特约商户的折扣
(4) 享受机场、火车站贵宾室或 VIP 绿色通道服务
(5) 优先业务办理
(6) 专职经理一对一服务
(7) VIP 接待室或专席服务
(8) 参加"全球通"俱乐部活动

数据见文件"实验11课后习题数据. xlsx"，按照教材中多选题分析步骤分析上述题目。

参考文献

王春枝，刘佳，李海霞. SPSS 统计软件分析实验教程（第一版）[M]. 北京：北京邮电大学出版社，2014.

相关分析

12.1 散 点 图

12.1.1 实验目的

(1) 明确相关关系的含义以及相关分析的主要目标。
(2) 掌握散点图的含义，熟练掌握绘制散点图的具体操作。

12.1.2 实验原理

在统计中制作相关图，可以直观地判断事物现象之间大致上呈现何种关系。相关图利用直角坐标系第一象限，把第一个变量置于横轴上，第二个变量置于纵轴上，而将两个变量对应的变量值用坐标点形式描绘出来，用以表明相关点分布状况的图形。

12.1.3 实验数据

利用 SPSS 26 自带文件"car_sales. sav"，绘制 Resale 与 Horsepower 的散点图。

12.1.4 实验过程

SPSS 26 提供了五种类型的散点图，以简单散点图为例，基本操作步骤如下：
点击"图形→旧对话框→散点/点状→简单散点图"命令
定义
Y 轴列表框：Resale
X 轴列表框：Horsepower
确定
简单散点图操作见图 12-1 至图 12-3。

图 12-1　命令截图

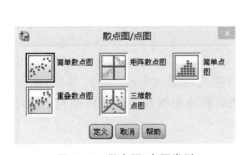

图 12-2　散点图/点图类型　　　　图 12-3　简单散点图定义窗口

12.1.5　实验小结

图 12-4 为 Resale 与 Horsepower 的简单散点图。从图 12-4 中可以看出，两者呈正向相关。

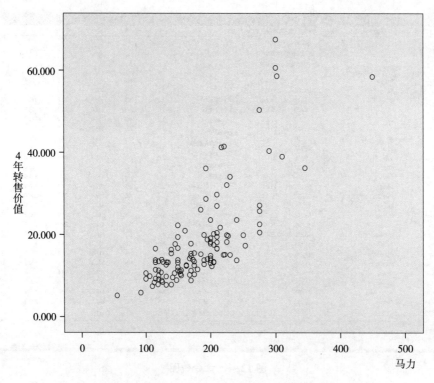

图 12-4　**Resale 与 Horsepower 的简单散点图**

12.2　相关系数

12.2.1　实验目的

理解简单相关系数（Pearson 相关系数）、斯皮尔曼（Spearman）等级相关系数、Kendall 等级相关系数的基本原理，熟练掌握计算各种相关系数的具体操作，并能分析结果。

12.2.2　实验原理

虽然相关图能够展现变量之间的数量关系，但这也只是直观的判断方法。因此，可以通过计算变量之间的相关系数判断相关变量之间的数量关系。对不同类型的变量应当采取不同的相关系数来度量，常用的相关系数主要有以下几种：

12. 2. 2. 1　皮尔逊（Pearson）相关系数

皮尔逊相关系数常称为积差相关系数，适用于研究连续变量之间的相关程度。例如，收入和储蓄存款、身高和体重等变量间的线性相关关系。注意：Pearson 相关系数适用于线性相关的情形，对于曲线相关等更为复杂的情形，系数的大小并不能代表其相关性的强弱。其计算公式为：

$$r = \frac{\sum\limits_{i=1}^{n}(x_i - \bar{x})(y_i - \bar{y})}{\sqrt{\sum\limits_{i=1}^{n}(x_i - \bar{x})^2 \sum\limits_{i=1}^{n}(y_i - \bar{y})^2}} \tag{12-1}$$

对 Pearson 简单相关系数的统计检验是计算 t 统计量，t 统计量服从 n-2 个自由度的 t 分布。SPSS 26 会自动计算 r 统计量和 t 值，并依据 t 分布表给出其对应的相伴概率值。

12. 2. 2. 2　斯皮尔曼（Spearman）等级相关系数

斯皮尔曼等级相关系数常用来度量顺序水准变量间的线性相关关系。它是利用两变量的秩次大小作线性相关分析，适用条件为：①两个变量的变量值是以等级次序表示的资料；②一个变量的变量值是等级数据，另一个变量的变量值是等距或比率数据，且其两总体不要求是正态分布，样本容量 n 不一定大于 30。

从 Spearman 等级相关适用条件中可以看出，等级相关的应用范围要比积差相关广泛，它的突出优点是对数据的总体分布、样本大小都不做要求，但缺点是计算精度不高。其基本公式为：

$$r = 1 - \frac{6\sum\limits_{i=1}^{n}D_i^2}{n(n^2 - 1)} \tag{12-2}$$

式（12-2）中，D 是两个变量每对数据等级之差，n 是两列变量值的对数。Spearman 相关系数计算公式可以完全套用 Pearson 相关系数的计算公式，公式中的 x 和 y 用它们的秩次代替即可。

12. 2. 2. 3　Kendall 等级相关系数

Kendall 等级相关系数是用于反映分类变量相关性的指标，适用于两个变量均为有序分类的情况。这种指标采用非参数检验方法测度变量间的相关关系，利用变量的秩计算一致对数目和非一致对数目。显然，如果两个变量具有较强的正相关关系，则一致对数目 U 应较大；但若两个变量的相关性较弱，则一致对数目 U 和非一致对数目 V 应大致相等。故按照此思想，其公式为：

$$\tau = (U - V) \frac{2}{n(n-1)} \quad\quad\quad (12-3)$$

SPSS 26 将自动计算其相关系数、检验统计量和对应的概率 P 值。

12.2.3　实验数据

利用 SPSS 26 自带文件"car_sales. sav",计算 Resale 与 Horsepower 的相关系数。

12.2.4　实验过程

SPSS 26 计算相关系数的基本操作步骤是:
点击"分析→相关→双变量"命令
变量列表框: Resale Horsepower
相关系数: ☑ Pearson
显著性检验: ☑ 双尾
☑ 标记显著性相关性
确定
计算相关系数操作如图 12-5 所示。

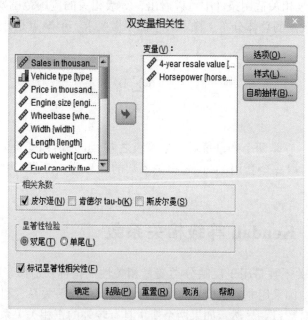

图 12-5　Resale 与 Horsepower 的简单散点图

12.2.5　实验小结

由表 12-1 可知，汽车转售情况与汽车马力的简单相关系数为 0.769，说明两者之间存在正的相关性。其相关系数检验的概率 P 值接近 0，当显著性水平 α 为 0.01 时，拒绝原假设，认为汽车转售情况与汽车马力不是零相关的。另外，表 12-1 中相关系数右上角的一个星号（∗）表示显著性水平 α 为 0.05 时拒绝原假设，认为汽车销售情况与汽车马力不是零相关的，若为两个星号（∗∗）表示显著性水平为 0.01 时拒绝原假设。

表 12-1　汽车转售情况与汽车马力的相关系数计算结果

		4-year resale value	Horsepower
4 年转售价值 （4-year resale value）	Pearson 相关性	1	0.769∗∗
	显著性（双侧）		0.000
	N	121	120
马力 （Horsepower）	Pearson 相关性	0.769∗∗	1
	显著性（双侧）	0.000	
	N	120	156

注：∗∗ 在 0.01 级别（双尾），相关性显著。

12.3　偏相关分析

12.3.1　实验目的

熟练掌握偏相关分析的具体操作，能够读懂分析结果。

12.3.2　实验原理

偏相关分析就是在研究两个变量之间的线性相关关系时控制可能对其产生影响的变量。

偏相关分析是在相关分析的基础上考虑了两个因素以外的各种作用，或者说在扣除了其他因素的作用大小以后，重新来测度这两个因素间的关联程度。这种方法的目的就在于消除其他变量关联性的传递效应。偏相关系数在计算时可以首先分别计算三个因素之间的相关系数，然后通过这三个简单相关系数来计算偏相关系数。其公式如下：

$$r_{yx_1 \cdot x_2} = \frac{r_{yx_1} - r_{yx_2} r_{x_1 x_2}}{\sqrt{(1 - r_{yx_2}^2)(1 - r_{x_1 x_2}^2)}} \tag{12-4}$$

式（12-4）就是在控制了第三个因素的影响所计算的第一、第二个因素之间的偏相关系数。当考虑一个以上的控制因素时的公式类推。

12.3.3　实验数据

利用 SPSS 26 自带文件"car_sales. sav"，计算当车辆类型（Vehicle Type）为控制变量时，Resale 与 Horsepower 的偏相关系数。

12.3.4　实验过程

SPSS 26 计算偏相关系数的基本操作步骤是：

点击"分析→相关→偏相关"命令

变量列表框：Resale　Horsepower

控制：Vehicle type

显著性检验：☑ 双尾

☑ 显示实际显著性水平

|确定|

计算偏相关系数操作如图 12-6 所示。

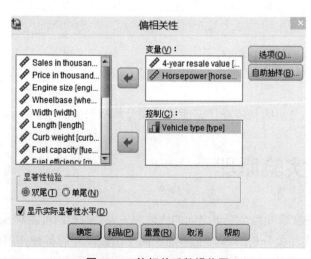

图 12-6　偏相关系数操作图

12.3.5　实验小结

由表 12-2 可知，在车辆类型（Vehicle Type）作为控制变量的条件下，汽车转售情况与汽车马力的偏相关系数为 0.768，仍然呈正相关关系。与实验 12.2 中计算的简单相关系数 0.769 相比略低了一些。若显著性水平 α 为 0.05，则拒绝原假设，认为汽车销售情况与汽车马力不是零相关的。

表 12-2　汽车转售情况与汽车马力的偏相关分析结果

控制变量			4-year resale value	Horsepower
机动车类型 （Vehicle type）	4 年转售价值 （4-year resale value）	相关性	1.000	0.768
		显著性（双侧）	0.000	0.000
		df	0	117
	马力 （Horsepower）	相关性	0.768	1.000
		显著性（双侧）	0.000	0.000
		df	117	0

 练习题

利用 SPSS 26 自带文件"car_sales.sav"，从中找出相关指标进行绘制散点图、计算相关系数以及偏相关系数的练习。

线性回归分析

13.1 一元线性回归分析

13.1.1 实验目的

掌握一元线性回归分析的具体操作，能够读懂分析结果和写出回归方程，并能够对回归方程进行统计检验。

13.1.2 实验原理

一元线性回归模型是在不考虑其他影响因素的条件下，或是在认为其他影响因素确定的情况下，分析某一个因素（自变量）是如何影响因变量的。一元线性回归的经验模型如下：

$$\hat{y} = \hat{\beta}_0 + \hat{\beta}_1 x \tag{13-1}$$

式（13-1）中，$\hat{\beta}_0$ 表示回归直线在纵轴上的截距，$\hat{\beta}_1$ 是回归系数，它表示当自变量变动一个单位所引起的因变量的平均变动值。

13.1.3 实验数据

为了研究家庭收入和食品支出的关系，随机抽取了 10 个家庭的样本，得到的数据见表 13-1。

表 13-1　家庭收入支出数据　　　　　　　　单位：百元

家庭序号	1	2	3	4	5	6	7	8	9	10
收入	20	30	33	40	15	13	26	38	35	43
支出	7	9	9	11	5	4	8	10	9	10

13.1.4 实验过程

SPSS 26 一元线性回归分析的基本操作步骤是：

点击"分析→回归→线性"命令

因变量列表框：支出

自变量列表框：收入

方法：步进

统计：☑ 估算值　　☑ 模型拟合

图：Y：ZRESID　X：ZPRED　　☑ 正态概率图

确定

SPSS 操作如图 13-1 至图 13-3 所示。

图 13-1　线性模拟操作

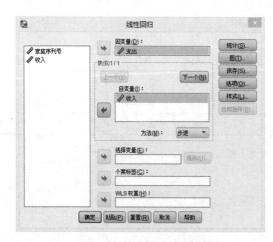

图 13-2　线性回归选择框

图 13-3　线性回归命令选择框

13.1.5 实验小结

由表 13-2 可知，收入与支出的相关系数 R 为 0.961，决定系数 R^2 为 0.924，校正的决定系数为 0.914。

表 13-2　收入与支出的一元线性回归分析结果（一）

模型	R	R^2	调整后 R^2	标准估计的误差
1	0.961[a]	0.924	0.914	0.660

注：a. 预测变量：（常量）、收入；b. 因变量：支出。

由表 13-3 可知，收入与支出建立的一元线性回归模型检验结果 F 值为 96.589，P 值为 0.000。因此，有关收入与支出的一元线性回归模型是有统计学意义的。

表 13-3　收入与支出的一元线性回归分析结果（二）

模型		平方和	df	均方	F	Sig.
1	回归	42.112	1	42.112	96.589	0.000[a]
	残差	3.488	8	0.436		
	总计	45.600	9			

注：a. 预测变量：（常量）、收入；b. 因变量：支出。

由表 13-4 可知，收入与支出建立的一元线性回归模型包括常数项在内的所有系数检验结果。表 13-4 中给出的是 t 检验，同时还给出了标化/未标化系数。由于 P 值皆为 0.000，可见常数项和收入均具有统计学意义。

表 13-4　收入与支出的一元线性回归分析结果（三）

模型		非标准化系数		标准化系数	t	Sig.
		B	标准误差	试用版		
1	（常量）	2.163	0.649		3.335	0.010
	收入	0.206	0.021	0.961	9.828	0.000

注：a. 因变量：支出。

图 13-4 是残差的正态 P-P 图，它描述的是因变量观测累计概率和模型预测累计概率间的正态 P-P 图，从中可以看出散点基本呈线性趋势。

图 13-5 是残差散点图，用于观察残差是否随因变量增大而改变的趋势，也就是诊断因变量的独立性，由图 13-4 可见未发现有极端值。因此，建立的一元线性回归模型为：

$$\hat{y} = 2.163 + 0.206x \tag{13-2}$$

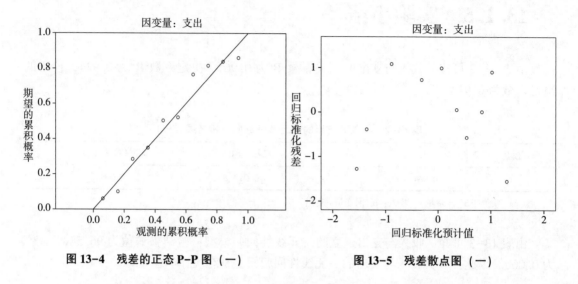

图 13-4　残差的正态 P-P 图（一）　　　　图 13-5　残差散点图（一）

13.2　多元线性回归分析

13.2.1　实验目的

掌握多元线性回归分析的具体操作，能够读懂分析结果和写出回归方程，并能够对回归方程进行统计检验。

13.2.2　实验原理

在回归分析中，如果有两个或两个以上的自变量，就称为多元回归分析。

多元线性回归模型是指有多个自变量的线性回归模型，它用于揭示因变量与多个自变量之间的线性关系。多元线性回归方程的经验模型如下：

$$\hat{y} = \hat{\beta}_0 + \hat{\beta}_1 x_1 + \hat{\beta}_2 x_2 + \cdots + \hat{\beta}_k x_k \tag{13-3}$$

式（13-3）中，假设该线性方程有 k 个自变量；$\hat{\beta}_i$ 表示在其他自变量保持不变的情况下，自变量 x_i 变动一个单位所引起的因变量的平均变动单位。

13.2.3　实验数据

某公司 2010～2019 年在某地区派出的推销人数、产品所支付广告费和产品销售额如表 13-5 所示。

表 13-5　2010～2019 年某公司在某地区派出的推销人数、广告费和销售额

年份	2010	2011	2012	2013	2014	2015	2016	2017	2018	2019
推销人数（人）	5	7	8	8	6	6	9	10	10	11
广告费（万元）	1.21	1.5	1.1	1.42	1.7	1.8	1.9	2.0	2.1	2.5
销售额（万元）	102	137	121	123	140	148	158	170	172	180

13.2.4　实验过程

SPSS 26 多元线性回归分析的基本操作步骤是：

点击"分析→回归→线性"命令

因变量列表框：销售额

自变量列表框：推销人数　广告费

方法：步进

统计：☑ 估算值　　☑ 模型拟合

图：Y：ZRESID　X：ZPRED　　☑ 正态概率图

确定

SPSS 26 操作图示如图 13-6 至图 13-8 所示：

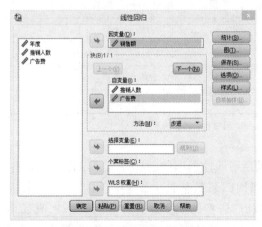

图 13-6　线性回归定义框

图 13-7　统计对话框

图13-8　绘制散点图对话框

SPSS 26 输出了销售额与推销人员、广告费的多元线性回归模型的复相关系数、决定系数、校正系数、随机误差的估计值（见表13-6）。调整后的 R^2 为0.909，证明模型拟合得较好。

表13-6　销售额与推销人员数、广告费的多元线性回归分析结果（一）

模型摘要[b]

模型	R	R^2	调整后 R^2	标准估计的误差
1	0.964[a]	0.929	0.909	7.622

注：a. 预测变量：（常量）、推销员人数、广告费；b. 因变量：销售额。

表13-7 是对回归模型进行方差分析的检验结果。可以看到方差分析结果中 F 统计量为46.030，概率 P 值为0.000，小于显著性水平0.05，所以该模型是有统计学意义的，即推销人员数、广告费和销售额之间的线性关系是显著的。

表13-7　销售额与推销人员数、广告费的多元线性回归分析结果（二）

模型		平方和	df	均方	F	Sig.
1	回归	5348.236	2	2674.118	46.030	0.000[a]
	残差	406.664	7	58.095		
	总计	5754.900	9			

注：a. 预测变量：（常量）、广告费、推销员人数；b. 因变量：销售额。

由图13-9 和图13-10 可知，残差满足了线性模型的前提要求，不存在异方差。

表13-8 输出了模型中各自变量的偏回归系数估计，销售额和推销人员数以及广告费拟合的二元线性回归模型中，常数项和广告费的 t 检验值对应的概率 P 值都小于显著性水平（$\alpha = 0.05$），而推销人员数的 t 检验值对应的概率 P 值大于显著性水平（$\alpha =$

0.05），因此认为推销人员数与被解释变量销售额的线性关系是不显著的，应该剔除掉。同时，从容忍度和方差膨胀因子（VIF）看，推销人员数与广告费之间存在一定的多重共线性。

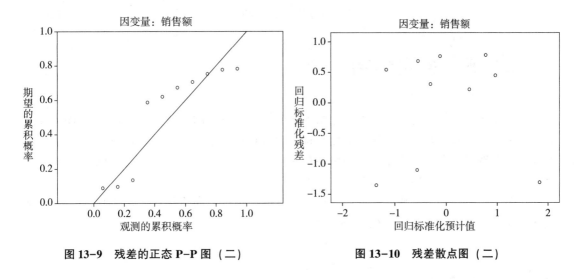

图 13-9 残差的正态 P-P 图（二） **图 13-10 残差散点图（二）**

表 13-8 销售额与推销人员数、广告费的多元线性回归分析结果（三）

模型		非标准化系数		标准化系数	t	Sig.	共线性统计量	
		B	标准误差	Beta			容差	VIF
1	（常量）	41.439	11.282		3.673	0.008		
	推销员人数	3.198	1.801	0.253	1.775	0.119	0.497	2.011
	广告费	45.314	8.406	0.768	5.390	0.001	0.497	2.011

注：a. 因变量：销售额。

表 13-9 可以进行多重共线性的检验，从方差比来看，第 3 个特征根既能解释推销人员数方差的 85%，又能解释广告费的 86%，因此认为两者之间存在多重共线性。从条件索引来看，第 3 个条件索引大于 10，说明两个变量之间确实存在多重共线性。

表 13-9 销售额与推销人员数、广告费的多元线性回归分析结果（四）

模型	维数	特征值	条件索引	方差比例		
				（常量）	推销员人数	广告费
1	1	2.954	1.000	0.01	0.00	0.00
	2	0.031	9.814	0.99	0.15	0.14
	3	0.015	13.840	0.00	0.85	0.86

注：a. 因变量：销售额。

通过上述分析知道上面的回归方程存在一些不容忽视的问题，因此，应考虑剔除推销人员数变量，重新建立回归方程。

按上述方法建立广告费与销售额的线性回归方程为：

$$\hat{y} = 49.792 + 55.896x \tag{13-4}$$

13.2.5 实验小结

在多元线性回归分析中，模型中应引入多少解释变量是需要重点研究的。如果引入的解释变量较少，回归方程将无法很好地解释说明被解释变量的变化，但是也并非解释变量引入得越多越好，因为这些变量之间可能存在多重共线性，因此，有必要采取一些策略对解释变量引入回归方程加以控制和筛选。

在多元回归分析中，解释变量的筛选一般有向前筛选、向后筛选、逐步筛选三种基本策略。在 SPSS 中有相应的策略，我们可以进行尝试。

 练习题

收集 2011 年我国 31 个省区市（不包括港澳台地区）的财政收入、国内生产总值以及第一产业就业人员比重的数据。

要求：建立以财政收入为因变量，国内生产总值和第一产业就业人员比重为自变量的多元线性回归模型。

聚类分析

14.1 系统聚类法（Hierarchical Cluster）

14.1.1 实验目的

理解系统聚类法（Hierarchical Cluster）的基本原理，熟练掌握具体操作并能够对分析结果进行解释。

14.1.2 实验原理

系统聚类法又称层次聚类法，其基本原理是：先将待聚类的 n 个样品（或者变量）各自看成一类，共有 n 类；然后按照实现选定的方法计算每两类之间的聚类统计量，即某种距离（或者相似系数），将关系最为密切的两类合为一类，其余不变，即得到 n-1 类；再按照前面的计算方法计算新类与其他类之间的距离（或相似系数），再将关系最为密切的两类并为一类，其余不变，即得到 n-2 类；如此下去，每次重复都减少一类，直到最后所有的样品（或者变量）都归为一类为止。系统聚类法有两种类型，分别为 Q 型聚类和 R 型聚类两种。

（1）Q 型聚类：Q 型聚类是指对样本进行聚类，它使具有相似特征的样本聚集在一起，使差异大的样本分离开来。

（2）R 型聚类：R 型聚类是对变量进行聚类，它使差异大的变量分离开来，具有相似性的变量聚集在一起。可在相似变量中选择少数具有代表性的变量参与其他分析，实现减少变量个数，达到变量降维的目的。

14.1.3 实验数据

由 SPSS 26 自带数据文件"judges. sav"可知中国、美国、俄罗斯等七个国家的裁判和体育运动爱好者对于体育比赛中选手的评判。请根据评分对他们进行适当的分类。

14.1.4 实验数据

SPSS 26 的系统聚类法（Hierarchical Cluster）基本操作步骤是：

点击命令"分析→分类→系统聚类"

选择变量框：judge1—judge8，继续

聚类：☑变量 继续

统计：☑集中计划 继续

图：☑谱系图 水平 继续

确定

SPSS 系统聚类法（Hierarchical Cluster）的软件操作如图 14-1 至图 14-4 所示。

图 14-1 系统聚类命令

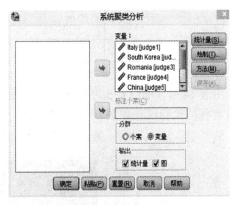

图 14-2 系统聚类分析对话框

图 14-3 系统聚类分析：统计量命令对话框

图 14-4 系统聚类分析：图命令对话框

SPSS 26 首先给出了进行系统聚类分析的过程表。表 14-1 第一列"阶"列出了聚类过程的步骤号，第二列"群集 1"和第三列"群集 2"列出了某一步骤中哪些国家的裁判或者体育爱好者参与了合并。例如，从结果中可以看出，在第一步中，judge3（罗马尼亚）和 judge5（中国）首先被合并在一起。第四列"系数"列出了每一步骤的聚类系数，这一数值表示被合并的两个类别之间的距离大小。第五列"群集 1"和第六列"群集 2"表示参与合并的裁判或者体育爱好者是在第几步中第一次出现，0 代表该记录是第一次出现在聚类过程中。第七列"下一阶"表示在这一步骤中合并的类别，下一次将在第几步中与其他类再进行合并。

表 14-1　聚类过程

| 阶 | 群集组合 | | 系数 | 首次出现阶群集 | | 下一阶 |
	群集 1	群集 2		群集 1	群集 2	
1	3	5	28.090	0	0	4
2	2	4	32.020	0	0	3
3	2	6	51.110	2	0	6
4	3	7	54.685	1	0	5
5	1	3	87.913	0	4	6
6	1	2	217.950	5	3	7
7	1	8	242.579	6	0	0

由表 14-1 和图 14-5 可知，罗马尼亚裁判员和中国裁判员的打分相似性最强，其次是法国裁判员和韩国裁判员。如果将裁判分成三类，则热心观众自成一类，中国、罗马尼亚、俄罗斯、意大利成一类，法国、韩国、美国为一类。

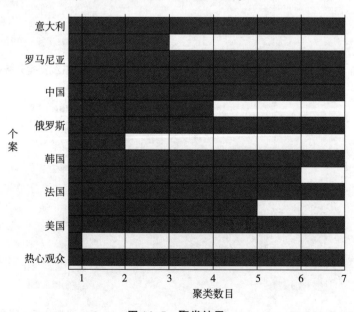

图 14-5　聚类结果

上文已给出了相关聚类结果，最后用树形图直观反映整个聚类过程和结果，如图 14-6 所示。可以明显看到每个国家的裁判或者体育爱好者从单独一类，逐次合并，一直到全部合并成一大类。

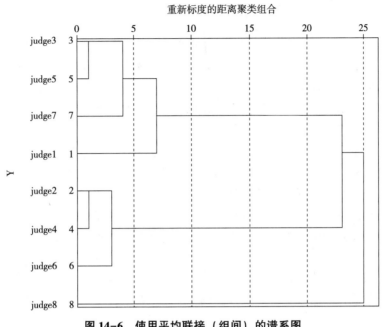

图 14-6　使用平均联接（组间）的谱系图

14.1.5　实验小结

在系统聚类中，当每个类别由多于一个的数据点构成时，就会涉及如何定义两个类间的距离问题。根据距离公式不同，可能会得到不同的结果，这也就进一步构成了不同的系统聚类方法。常用的方法有如下几种：组间平均距离法；组内平均距离法；最短距离法；最远距离法；重心法；中间距离法；离差平方和法。

本实验采用 SPSS 26 系统默认的方法，"组间平均距离法"进行聚类分析。

14.2　快速聚类法（K-Means Cluster）

14.2.1　实验目的

理解快速聚类法（K-Means Cluster）的基本原理，熟练掌握具体操作并能够对分析结果进行解释。

14.2.2　实验原理

快速聚类法又叫K-均值聚类法,可以用于大量数据进行聚类分析的情形。它是一种非分层的聚类方法。这种方法占用内存少、计算量大、处理速度快,特别适合大样本的聚类分析。

它的基本操作步骤如下:

第一步:指定聚类数目k,应由用户指定需要聚成多少类,最终也只能输出关于它的唯一解。这点不同于层次聚类。

第二步:确定k个初始类的中心。具体有两种方式:一种是用户指定方式,另一种是根据数据本身结构的中心初步确定每个类别的原始中心点。

第三步:根据距离最近原则进行分类。逐一计算每一记录到各个中心点的距离,把各个记录按照距离最近的原则归入各个类别,并计算新形成类别的中心点。

第四步:按照新的中心位置,重新计算每一记录距离新的类别中心点的距离,并重新进行归类。

第五步:重复第四步,直到达到一定的收敛标准。这种方法也常称为逐步聚类分析,即先把被聚对象进行初始分类,然后逐步调整,得到最终分类。

14.2.3　实验数据

在 SPSS 26 自带数据文件"Coustomers_ modle. sav"中根据 Amount、Recency、Frequency 三个变量的取值将客户分成三类。

14.2.4　实验过程

SPSS 26 的快速聚类法的基本操作步骤如下:

点击"分析→分类→K-均值聚类"命令

变量框:Amount, Recency, Frequency

个案标记依据框:Customer_ID

聚类数:3　　方法:迭代与分类

迭代:最大迭代次数:100 继续

保存:☑聚类成员 继续

选项:☑初始聚类中心　☑ANOVN 表 继续

确定

SPSS 26 软件操作如图 14-7 至图 14-11 所示。

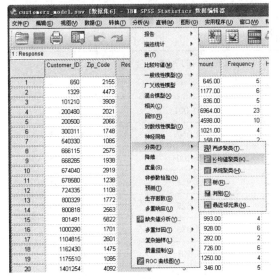

图 14-7　K-均值聚类命令对话框　　　　　图 14-8　变量选择

图 14-9　统计对话框　　　图 14-10　收敛对话框　　　图 14-11　聚类对话框

SPSS 26 首先给出了进行快速聚类分析的初始中心数据。由于本例要求将客户分为三类，因此软件给出了三个中心位置。但是，这些中心位置可能在后续的迭代计算中出现调整（见表 14-2）。

表 14-2　初始聚类中心

	聚类		
	1	2	3
Dollar amount of all purchases	22.00	97805.00	42206.00
Days since last purchase	7	1	4
Number of purchases	2	68	66

表 14-3 显示了快速聚类分析的迭代过程。可以看到，第一次迭代的变化值最大，其后随之减少。类别中心点变化越来越小，直到最终趋近于 0。整个迭代过程在第 17 步终止。

表 14-3 迭代历史记录

迭代	聚类中心内的更改		
	1	2	3
1	2492.986	16670.001	11322.153
2	118.985	4679.667	5864.363
3	149.144	3256.200	4165.286
4	127.085	5294.921	2734.964
5	71.510	2171.627	1316.796
6	40.934	6707.030	1011.250
7	39.496	3528.101	814.324
8	47.693	1038.137	732.199
9	37.607	0.000	482.895
10	37.399	0.000	444.954
11	24.393	0.000	277.984
12	18.649	0.000	205.745
13	15.267	0.000	164.150
14	14.073	0.000	147.223
15	9.951	0.000	101.848
16	3.939	0.000	40.193
17	0.000	0.000	0.000

注：由于聚类中心内没有改动或改动较小而达到收敛；任何中心的最大绝对坐标更改为 0.000。当前迭代为 17。初始中心间的最小距离为 42184.048。

表 14-4 列出了最终聚类分析中心。可以看到，最后的中心位置较初始的中心位置发生了较大的变化。

表 14-4 最终聚类中心

	聚类		
	1	2	3
Dollar amount of all purchases	1758.85	54459.33	12379.70
Days since last purchase	6	3	3
Number of purchases	9	57	28

表 14-5 为方差分析表，显示了各个指标在不同类的均值比较情况。各数据项的含义依次是：组间均方、组间自由度、组内均方、组内自由度。可以看到，各个指标在不同类之间的差异是非常明显的，这进一步验证了聚类分析结果的有效性。

表 14-5　方差分析

	聚类		误差		F	Sig.
	均方	df	均方	df		
Dollar amount of all purchases	5.114×10^{10}	2	5948755.162	5987	8597.253	0.000
Days since last purchase	2087.185	2	24.732	5987	84.393	0.000
Number of purchases	110319.635	2	54.350	5987	2029.815	0.000

注：F 检验应仅用于描述性目的，因为选中的聚类将被用来最大化不同聚类中的案例间的差别。观测到的显著性水平并未据此进行更正，因此无法将其解释为是对聚类均值相等这一假设的检验。

表 14-6 是聚类数据汇总，显示了聚类分析最终结果中各个类别的数目。其中，第一类的数目最多，为 5445 个；而第二类的数目最少，只有 18 个。

表 14-6　每个聚类中的案例数

聚类	1	5445.000
	2	18.000
	3	527.000
有效		5990.000
缺失		0.000

14.2.5　实验小结

快速聚类法（K-Means Cluster）是一个反复迭代的分类过程。在聚类过程中，样本所属的类会不断调整，直到最终达到稳定为止。

 **练习题**

1. 农村居民消费水平通常用表 14-7 中的八项指标来描述，八项指标间存在一定的线性相关。为研究农村居民的消费结构，需将相关性强的指标归并到一起，请采用合适的聚类分析方法对八项指标进行聚类分析。

2. 仍以表 14-7 的数据为例，利用快速聚类法对 31 个省份的农村居民消费水平进行聚类分析。

表14-7 2017年31个省份农村居民家庭人均生活消费支出

X1：人均食品烟酒消费（元/人）　　　　X2：人均衣着消费（元/人）

X3：人均居住消费（元/人）　　　　X4：人均生活用品及服务消费（元/人）

X5：人均交通通信消费（元/人）　　　　X6：人均教育文化娱乐消费（元/人）

X7：人均医疗保健消费（元/人）　　　　X8：人均其他用品及服务消费（元/人）

序号	省份	X1	X2	X3	X4	X5	X6	X7	X8
1	北京	8003	2429	13347	2633	5396	4325	3088	1125
2	天津	9456	2119	6470	1774	3924	2979	2600	962
3	河北	5067	1689	5048	1485	2923	2173	1737	478
4	山西	4244	1774	3867	1094	2658	2559	1741	466
5	内蒙古	6469	2577	4108	1670	3511	2637	1907	759
6	辽宁	6988	2168	4511	1537	3771	3164	2380	861
7	吉林	5169	1954	3800	1115	2785	2445	2164	619
8	黑龙江	5247	1921	3644	1031	2564	2290	1967	607
9	上海	10457	1827	14749	1928	4254	5087	2735	1269
10	江苏	7616	1839	6774	1709	3972	3451	1574	794
11	浙江	8906	1926	8413	1617	4956	3521	1872	713
12	安徽	6665	1544	4235	1215	2914	2372	1275	520
13	福建	8552	1438	6829	1478	3353	2483	1235	612
14	江西	5994	1531	4589	1196	2157	2235	1044	498
15	山东	6180	2034	4895	1736	3284	2622	1781	540
16	河南	5188	1779	4227	1572	2270	2227	1611	548
17	湖北	6542	1545	4669	1287	2132	2421	2165	514
18	湖南	6585	1682	4353	1493	2905	3973	1693	479
19	广东	9712	1587	7128	1783	4286	3284	1504	915
20	广西	6099	908	3885	1093	2607	2152	1254	351
21	海南	7575	896	3856	1103	2811	2236	1505	389
22	重庆	7305	1951	3960	1592	2992	2528	1883	547
23	四川	7329	1723	3906	1404	3198	2222	1596	612
24	贵州	6243	1570	3820	1359	2889	2731	1244	492
25	云南	5665	1144	3905	1163	3114	2363	1787	420
26	西藏	9254	1973	4184	1162	2313	1044	640	519
27	陕西	5799	1627	3797	1487	2395	2618	2141	526
28	甘肃	6033	1906	3828	1358	2953	2342	1741	499
29	青海	6061	1901	3837	1399	3241	2528	1949	557
30	宁夏	4952	1768	3680	1257	3471	2630	1937	525
31	新疆	6360	2025	3955	1590	3545	2629	2066	627

资料来源：《中国统计年鉴》（2018）。

主成分分析与因子分析

15.1 主成分分析

15.1.1 实验目的

(1) 掌握主成分分析的主要目标以及主成分分析的主要步骤。
(2) 掌握主成分分析的具体操作，能够读懂分析结果的含义。
(3) 理解主成分分析和因子分析的区别与联系。

15.1.2 实验原理

主成分分析是考察多个变量间相关性的一种多元统计方法。它是用来研究如何通过少数几个主分量来解释多个变量间的内部结构。也就是说，从原始变量中导出少数几个主分量，使它们尽可能多地保留原始变量的信息，且彼此不相关。主成分分析常被用来寻找判断某种事物或现象的综合指标，并且给综合指标所包含的信息以适当的解释，从而更加深刻地揭示事物的内在规律。

主成分分析是将原来的 n 个指标作线性组合，作为新的综合指标。如果将选取的第一个线性组合记为 F1，一般希望 F1 中尽可能多地反映原来指标的信息，表达信息的方法就是 F1 的方差，即 VAR（F1）越大，则表示 F1 所包含的信息越多。因此，在所有的线性组合中所选取的第一主成分应该是方差最大的。如果第一个主成分不足以代表原来 n 个指标的信息，再考虑第二个线性组合 F2，即第二个主成分，以此类推可以推出第三个、第四个……第 n 个主成分。这些主成分之间互不相关，且方差递减。在实际应用中，通常只选择前面几个最大的主成分，虽然损失了部分信息，但抓住了主要信息，又减少了变量的数目，有利于问题的分析与解决。

15.1.3 实验数据

请对 SPSS 自带数据文件"car-sales. sav"中有关汽车性能的相关资料进行主成分分析。

15.1.4　实验过程

在 SPSS 26 软件中，开始进行主成分分析，具体程序如下：

点击分析→降维→因子分析，进入因子分析对话框。

（1）将变量 Vehicle type、Price in thousands、Engine size、Horsepower、Wheelbase、Width、Length、Curb weight、Fuel capacity、Fuel efficiency 放入变量框内。

（2）点击主对话框右侧的"描述"选项，勾选"系数"，点击"继续"按钮。

（3）点击主对话框"确定"按钮，运行因子分析程序。

SPSS 的操作如图 15-1、图 15-2 所示。

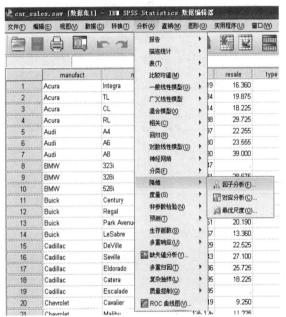

图 15-1　SPSS 软件主菜单界面

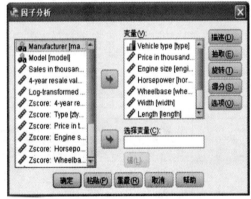

图 15-2　因子分析主对话框

SPSS 在结果输出中会涉及一些因子分析中的内容，因此这里仅给出与主成分分析有关的部分。

表 15-1 为 10 个原始变量之间的相关系数矩阵，可见许多变量之间直接的相关性比较强，初步认定可以进行主成分分析。

表 15-2 为各成分的方差贡献率和累计贡献率。由表 15-2 可知，只有三个成分的特征根大于 1，因此 SPSS 只提取了前三个主成分。第一主成分的方差占所有主成分方差的 59.94%，所含信息超过了一半，前三个主成分的方差贡献率达到 87.71%，因此选前三个主成分已足够描述汽车的总体情况。

表 15-1　各个变量间的相关系数矩阵

	Vehicle type	Price in thousands	Engine size	Horse power	Wheel base	Width	Length	Curb weight	Fuel capacity	Fuel efficiency
Vehicle type	1.000	−0.042	0.269	0.017	0.397	0.260	0.150	0.526	0.599	−0.577
Price in thousands	−0.042	1.000	0.624	0.841	0.108	0.328	0.155	0.527	0.424	−0.492
Engine size	0.269	0.624	1.000	0.837	0.473	0.692	0.542	0.761	0.667	−0.737
Horsepower	0.017	0.841	0.837	1.000	0.282	0.535	0.385	0.611	0.505	−0.616
Wheelbase	0.397	0.108	0.473	0.282	1.000	0.681	0.840	0.651	0.657	−0.497
Width	0.260	0.328	0.692	0.535	0.681	1.000	0.706	0.723	0.663	−0.602
Length	0.150	0.155	0.542	0.385	0.840	0.706	1.000	0.629	0.571	−0.448
Curb weight	0.526	0.527	0.761	0.611	0.651	0.723	0.629	1.000	0.865	−0.820
Fuel capacity	0.599	0.424	0.667	0.505	0.657	0.663	0.571	0.865	1.000	−0.802
Fuel efficiency	−0.577	−0.492	−0.737	−0.616	−0.497	−0.602	−0.448	−0.820	−0.802	1.000

（注：左侧表头标注"相关"）

表 15-2　解释的总方差

成分	初始特征值			提取平方和载入		
	合计	方差贡献率（%）	累积贡献率（%）	合计	方差贡献率（%）	累积贡献率（%）
1	5.994	59.938	59.938	5.994	59.938	59.938
2	1.654	16.545	76.482	1.654	16.545	76.482
3	1.123	11.227	87.709	1.123	11.227	87.709
4	0.339	3.389	91.098			
5	0.254	2.541	93.640			
6	0.199	1.994	95.633			
7	0.155	1.547	97.181			
8	0.130	1.299	98.480			
9	0.091	0.905	99.385			
10	0.061	0.615	100.000			

注：提取方法：主成分分析。

表 15-3 输出的是主成分系数矩阵，可以说明各主成分在各变量上的载荷，从而得出各主成分的表达式，在表达式中各变量是标准化变量。

表 15-3　主成分系数矩阵

	成分		
	1	2	3
Vehicle type	0.471	0.533	−0.651
Price in thousands	0.580	−0.729	−0.092

	成分		
	1	2	3
Engine size	0.871	−0.290	0.018
Horsepower	0.740	−0.618	0.058
Wheelbase	0.732	0.480	0.340
Width	0.821	0.114	0.298
Length	0.719	0.304	0.556
Curb weight	0.934	0.063	−0.121
Fuel capacity	0.885	0.184	−0.210
Fuel efficiency	−0.863	0.004	0.339

注：提取方法：主成分；表中已提取了 3 个成分。

F1=0.471X1+0.580X2+0.871X3+0.740X4+0.732X5+0.821X6+0.719X7+0.934X8+0.885X9−0.863X10

F2=0.533X1−0.729X2−0.290X3−0.618X4+0.480X5+0.114X6+0.304X7+0.063X8+0.184X9+0.004X10

F3=−0.651X1−0.092X2+0.018X3+0.058X4+0.340X5+0.298X6+0.556X7−0.121X8−0.210X9+0.339X10

在第一主成分表达式中，Engine size、Horsepower、Wheelbase、Width、Length、Curb weight、Fuel capacity、Fuel efficiency 的系数较大，可以看成是反映汽车性能的综合指标。在第二主成分表达式中，Price in thousands 的系数较大，可以看成是反映汽车价格的综合指标。在第三主成分表达式中，Vehicle type 的系数较大，可以看成是反映汽车类型的综合指标。

15.1.5　实验小结

SPSS 中主成分方法没有被单独列出，因为从应用范围和功能上来说，因子分析方法能完全替代主成分分析方法，并且功能更加强大。

15.2　因子分析

15.2.1　实验目的

（1）掌握因子分析的主要目标以及因子分析的主要步骤。

（2）掌握因子分析的具体操作，能够读懂分析结果的含义，并能依据分析结果对因子分析效果进行评价。

15.2.2 实验原理

因子分析就是在尽可能不损失信息或者少损失信息的情况下，将多个变量减少为少数几个因子的方法。这几个因子可以高度概括大量数据中的信息，这样，既减少了变量个数，又能再现变量之间的内在联系。

通常针对变量作因子分析的类型被称为 R 型因子分析；另一种对样品进行因子分析的类型被称为 Q 型因子分析，这两种分析方法有许多相似之处。

设原有 P 个变量 x_1，x_2，…，x_p，且每个变量（或经标准化处理后）的均值为 0，标准差为 1。现将每个原有变量用 $k(k<p)$ 个因子 f_1，…，f_k 的线性组合来表示，即有：

$$\begin{cases} x_1 = a_{11}f_1 + a_{12}f_2 +, \cdots, + a_{1k}f_k + \varepsilon_1 \\ x_2 = a_{21}f_1 + a_{22}f_2 +, \cdots, + a_{2k}f_k + \varepsilon_2 \\ x_3 = a_{31}f_1 + a_{32}f_2 +, \cdots, + a_{3k}f_k + \varepsilon_3 \end{cases} \qquad (15-1)$$

式（15-1）是因子分析的的数学模型，也可以用矩阵的形式表示为 X=AF+ε。

其中，X 是可实测的随机向量；F 为因子，由于它们出现在每个原有变量的线性表达式中，因此又称为公共因子；A 为因子载荷矩阵，$a_{ij}(i=1, \cdots, p, j=1, \cdots, k)$ 称为因子载荷；ε 称为特殊因子，表示了原有变量中不能被因子解释的部分，其均值为 0。

15.2.3 实验数据

请对 SPSS 自带数据文件 "car-sales. sav" 中有关汽车性能的相关资料进行因子分析。

15.2.4 实验过程

在 SPSS 26.0 软件中，开始进行因子分析，具体程序如下：

（1）点击分析→降维→因子分析，进入因子分析主对话框。

①将需要进行分析的变量 Vehicle type、Price in thousands、Engine size、Horsepower、Wheelbase、Width、Length、Curb weight、Fuel capacity、Fuel efficiency 选入"变量框"（见图 15-3）。

②点击对话框"描述"选项。勾选统计量框内的"单变量描述性"；勾选相关矩阵框内的"系数"与"KMO 和 Bartlett 的球形度检验"（见图 15-4），点击"继续"按钮。

③点击主对话框的"抽取"选项，用于对变量提取进行设置。变量提取方法默认选择"主成分方法"，勾选输出框内的"碎石图"，点击"继续"按钮（见图 15-5）。

④点击主对话框"旋转"选项，选择最大方差法，勾选输出框内的"旋转解"，点击"继续"（见图 15-6）。

⑤点击主对话框"得分"选项，勾选"保存为变量"，方法选择"回归"，勾选"显示因子得分系数矩阵"，点击继续（见图 15-7）。

（2）点击主对话框"确定"，运行因子分析程序。

SPSS 的操作如图 15-3 至图 15-7 所示。

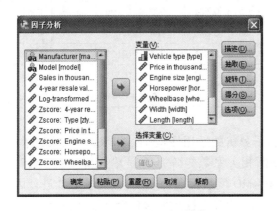
图 15-3　因子分析主对话框

图 15-4　描述统计子对话框

图 15-5　抽取子对话框

图 15-6　旋转子对话框

图 15-7　因子得分子对话框

由表 15-4 可知，大部分变量之间的相关系数都较高，各个变量呈较强的线性关系，能够从中提取公共因子，初步认定适合进行因子分析。

表15-4　各个变量间的相关系数矩阵

		Vehicle type	Price in thousands	Engine size	Horse power	Wheel base	Width	Length	Curb weight	Fuel capacity	Fuel efficiency
相关	Vehicle type	1.000	−0.042	0.269	0.017	0.397	0.260	0.150	0.526	0.599	−0.577
	Price in thousands	−0.042	1.000	0.624	0.841	0.108	0.328	0.155	0.527	0.424	−0.492
	Engine size	0.269	0.624	1.000	0.837	0.473	0.692	0.542	0.761	0.667	−0.737
	Horsepower	0.017	0.841	0.837	1.000	0.282	0.535	0.385	0.611	0.505	−0.616
	Wheelbase	0.397	0.108	0.473	0.282	1.000	0.681	0.840	0.651	0.657	−0.497
	Width	0.260	0.328	0.692	0.535	0.681	1.000	0.706	0.723	0.663	−0.602
	Length	0.150	0.155	0.542	0.385	0.840	0.706	1.000	0.629	0.571	−0.448
	Curb weight	0.526	0.527	0.761	0.611	0.651	0.723	0.629	1.000	0.865	−0.820
	Fuel capacity	0.599	0.424	0.667	0.505	0.657	0.663	0.571	0.865	1.000	−0.802
	Fuel efficiency	−0.577	−0.492	−0.737	−0.616	−0.497	−0.602	−0.448	−0.820	−0.802	1.000

KMO 和 Bartlett 的球度检验用于因子分析的适用性检验,如 KMO 检验变量间的偏相关是否较小,Bartlett 的球度检验是判断相关系数矩阵是否是单位阵。由表 15-5 可知,KMO 为 0.833,根据 Kaiser 给出的有关 KMO 度量标准可知 10 个变量适合进行因子分析。Bartlett 的球度检验值对应的概率 P 值为 0,当显著性水平为 0.05 时,概率 P 值小于 0.05,因此拒绝原假设,认为相关系数矩阵与单位阵有显著差异,原有变量适合做因子分析。

表15-5　KMO 和 Bartlett 的球度检验

取样足够度的 Kaiser-Meyer-Olkin 度量		0.833
Bartlett 的球形度检验	近似卡方	1578.819
	df	45
	Sig.	0.000

由图 15-8 可知,第 1 个、第 2 个、第 3 个特征根的值较大,第 4 个以后的特征根的值都很小,因此可以认为考虑前三个公因子即可。

由相关系数矩阵 R 计算得到特征值、方差贡献率和累积贡献率,如表 15-6 所示,可知前三个因子的方差贡献率达到 87.71%,因此选前三个因子已经足够描述汽车的总体情况。进一步证明了原变量适合做因子分析。

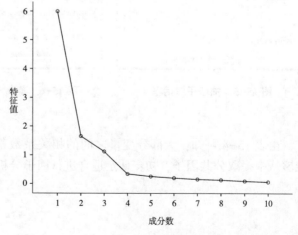

图15-8　碎石图

表 15-6 因子分析的总方差解释

成分	提取平方和载入			旋转平方和载入		
	合计	方差的贡献率（%）	累积贡献率（%）	合计	方差的贡献率（%）	累积贡献率（%）
1	5.994	59.938	59.938	3.220	32.199	32.199
2	1.654	16.545	76.482	3.134	31.344	63.543
3	1.123	11.227	87.709	2.417	24.166	87.709

注：提取方法：主成分分析。

采用主成分方法计算因子载荷矩阵，根据因子载荷矩阵可以说明各因子在各变量上的载荷，即影响程度。由于初始因子载荷矩阵系数不是太明显，为了使因子载荷矩阵中系数向 0~1 分化，对初始因子载荷矩阵进行方差最大旋转。旋转后的因子载荷矩阵如表 15-7 所示。

表 15-7 旋转后的因子载荷矩阵

	成分		
	1	2	3
Vehicle type	-0.101	0.095	0.954
Price in thousands	0.935	-0.003	0.041
Engine size	0.753	0.436	0.292
Horsepower	0.933	0.242	0.056
Wheelbase	0.036	0.884	0.314
Width	0.384	0.759	0.231
Length	0.155	0.943	0.069
Curb weight	0.519	0.533	0.581
Fuel capacity	0.398	0.495	0.676
Fuel efficiency	-0.543	-0.318	-0.681

注：提取方法：主成分；旋转法：具有 Kaiser 标准化的正交旋转法；旋转在 4 次迭代后收敛。

由表 15-7 可以看出，第一公因子在 Price in thousands、Engine size 和 Horsepower 上有较大载荷，定义为汽车综合水平因子；第二公因子在 Wheelbase、Width 和 Length 上有较大载荷，定义为汽车外形水平因子；第三公因子在 Vehicle type、Curb weight、Fuel capacity 和 Fuel efficiency 上有较大载荷，定义为汽车油耗水平因子。

为了考察各种类型汽车的总体情况，并对其进行分析和综合评价，采用回归方法求出因子得分函数，SPSS 输出的函数系数矩阵如表 15-8 所示。

表 15-8　成分得分系数矩阵

	成分		
	1	2	3
Vehicle type	0.079	0.322	-0.579
Price in thousands	0.097	-0.440	-0.082
Engine size	0.145	-0.175	0.016
Horsepower	0.124	-0.373	0.052
Wheelbase	0.122	0.290	0.302
Width	0.137	0.069	0.266
Length	0.120	0.184	0.495
Curb weight	0.156	0.038	-0.108
Fuel capacity	0.148	0.111	-0.187
Fuel efficiency	-0.144	0.002	0.302

注：提取方法：主成分；构成得分。

由系数矩阵将三个公因子表示为 9 个指标的线性形式。因子得分函数为：

F1 = 0.079X1 + 0.097X2 + 0.145X3 + 0.124X4 + 0.122X5 + 0.137X6 + 0.120X7 + 0.156X8 + 0.148X9 - 0.144X10

F2 = 0.322X1 - 0.440X2 - 0.175X3 - 0.373X4 + 0.290X5 + 0.069X6 + 0.184X7 + 0.038X8 + 0.111X9 + 0.002X10

F3 = -0.579X1 - 0.082X2 + 0.016X3 + 0.052X4 + 0.302X5 + 0.266X6 + 0.495X7 - 0.108X8 - 0.187X9 + 0.302X10

SPSS 已经计算出三个公因子的得分，保存在 fac_1～fac_3 中，三个公因子分别从不同方面反映了汽车的总体情况，但单独使用某一公因子并不能对各种类型的汽车总体情况进行综合评价，因此按各公因子对应的特征根为权数计算综合统计量：

$$F = (3.220 * F1 + 3.134 * F2 + 2.417 * F3)/(3.220 + 3.134 + 2.417) \qquad (15-2)$$

根据式（15-2）得到综合因子得分，并求出各类型汽车的排序。结果见表 15-9。

由表 15-9 可知，Dodge 汽车 Ram Pickup 系列因子分析综合得分最高。

表 15-9　汽车类型的综合因子得分排序表

制造商	型号	得分	排名	制造商	型号	得分	排名
Dodge	Ram Pickup	2.06	1	Pontiac	Grand Am	0	76
Ford	F-Series	1.98	2	Dodge	Neon	-0.01	78
Dodge	Ram Van	1.54	3	Plymouth	Neon	-0.01	78
Dodge	Dakota	1.42	4	Chrysler	Sebring Coupe	-0.03	80
Ford	Windstar	1.06	5	Mercedes-Benz	E-Class	-0.04	81

续表

制造商	型号	得分	排名	制造商	型号	得分	排名
Ford	Crown Victoria	1.04	6	Saab	9月5日	-0.04	81
Mercury	Grand Marquis	1.04	6	Mitsubishi	Montero	-0.06	83
Lincoln	Town car	0.97	8	Mercedes-Benz	M-Class	-0.06	83
Ford	Expedition	0.92	9	Dodge	Avenger	-0.07	85
Lincoln	Navigator	0.9	10	Mitsubishi	Galant	-0.08	86
Honda	Odyssey	0.8	11	Nissan	Pathfinder	-0.08	86
Pontiac	Montana	0.8	11	Ford	Contour	-0.09	88
Oldsmobile	Silhouette	0.78	13	Volkswagen	Passat	-0.09	88
Chrysler	Concorde	0.76	14	Lexus	ES300	-0.1	90
Cadillac	Escalade	0.7	15	Jeep	Grand Cherokee	-0.11	91
Ford	Ranger	0.69	16	Volvo	S70	-0.14	92
Dodge	Ram Wagon	0.68	17	Ford	Mustang	-0.15	93
Buick	Park Avenue	0.67	18	Volvo	V70	-0.15	93
Chrysler	LHS	0.59	19	Chevrolet	Cavalier	-0.17	95
Plymouth	Voyager	0.55	20	Lexus	GS400	-0.2	96
Cadillac	DeVille	0.54	21	Nissan	Altima	-0.2	96
Dodge	Caravan	0.54	21	Mercedes-Benz	CL500	-0.21	98
Oldsmobile	Aurora	0.53	23	Subaru	Outback	-0.21	98
Chevrolet	Impala	0.52	24	Pontiac	Sunfire	-0.23	100
Mercury	Villager	0.52	24	Honda	Passport	-0.24	101
Pontiac	Bonneville	0.52	24	Nissan	Xterra	-0.25	102
Nissan	Quest	0.49	27	Toyota	4Runner	-0.25	102
Toyota	Sienna	0.48	28	Saturn	SC	-0.27	104
Buick	LeSabre	0.47	29	BMW	323i	-0.3	105
Chevrolet	Monte Carlo	0.46	30	Volvo	C70	-0.3	105
Mercury	Sable	0.46	30	Saturn	SL	-0.31	107
Ford	Taurus	0.43	32	Mitsubishi	Montero Sport	-0.32	108
Chevrolet	Lumina	0.41	33	Ford	Focus	-0.33	109
Chrysler	300M	0.4	34	Honda	Civic	-0.33	109
Dodge	Durango	0.4	34	Honda	CR-V	-0.33	109
Pontiac	Grand Prix	0.39	36	Mitsubishi	3000GT	-0.33	109
Lincoln	Continental	0.35	37	Oldsmobile	Bravada	-0.34	113
Mercedes-Benz	S-Class	0.35	37	Plymouth	Prowler	-0.35	114
Buick	Century	0.33	39	Audi	A4	-0.36	115
Nissan	Frontier	0.28	40	Toyota	Tacoma	-0.37	116
Audi	A6	0.27	41	Lexus	RX300	-0.38	117

制造商	型号	得分	排名	制造商	型号	得分	排名
Toyota	Land Cruiser	0.26	42	Saturn	SW	−0.38	117
Acura	RL	0.25	43	Nissan	Sentra	−0.39	119
Buick	Regal	0.24	44	BMW	328i	−0.4	120
Cadillac	Eldorado	0.24	44	Mercedes−Benz	C−Class	−0.41	121
Lexus	LX470	0.2	46	Saab	9月3日	−0.41	121
Honda	Accord	0.17	47	Mitsubishi	Eclipse	−0.42	123
Plymouth	Breeze	0.17	47	Toyota	Celica	−0.44	124
Chrysler	Cirrus	0.16	49	Hyundai	Elantra	−0.46	125
Hyundai	Sonata	0.12	50	Ford	Escort	−0.48	126
Toyota	Avalon	0.12	50	Mercedes−Benz	CLK Coupe	−0.49	127
Volvo	S80	0.12	50	Volkswagen	Jetta	−0.49	127
Oldsmobile	Cutlass	0.11	53	Volvo	S40	−0.5	129
Jaguar	S−Type	0.1	54	Volvo	V40	−0.51	130
Mercury	Mountaineer	0.1	54	Chevrolet	Corvette	−0.52	131
Toyota	Camry	0.1	54	Subaru	Forester	−0.54	132
Mitsubishi	Diamante	0.09	57	Toyota	Corolla	−0.54	132
Saturn	LS	0.09	57	Acura	Integra	−0.55	134
Pontiac	Firebird	0.08	59	Chevrolet	Prizm	−0.55	134
Cadillac	Catera	0.07	60	Mitsubishi	Mirage	−0.55	134
Chevrolet	Malibu	0.07	60	Jeep	Cherokee	−0.61	137
Chevrolet	Camaro	0.07	60	Volkswagen	Golf	−0.64	138
Ford	Explorer	0.07	60	Volkswagen	GTI	−0.67	139
Audi	A8	0.06	64	Volkswagen	Beetle	−0.71	140
Dodge	Stratus	0.06	64	Hyundai	Accent	−0.72	141
Infiniti	I30	0.06	64	Volkswagen	Cabrio	−0.85	142
Mercury	Cougar	0.06	64	Toyota	RAV4	−0.88	143
Saturn	LW	0.06	64	Porsche	Boxter	−0.94	144
Acura	TL	0.05	69	Mercedes−Benz	SL−Class	−1.08	145
Oldsmobile	Alero	0.05	69	Jeep	Wrangler	−1.12	146
Nissan	Maxima	0.04	71	Chevrolet	Metro	−1.14	147
BMW	528i	0.03	72	Dodge	Viper	−1.16	148
Lexus	LS400	0.03	72	Mercedes−Benz	SLK	−1.21	149
Chrysler	Sebring Conv.	0.02	74	Mercedes−Benz	SLK230	−1.26	150
Mercury	Mystique	0.01	75	Porsche	Carrera Coupe	−1.38	151
Lexus	GS300	0	76	Porsche	Carrera Cabriolet	−1.4	152

15.2.5　实验小结

主成分分析法可以看作是对原始数据的协差阵或相关阵进行矩阵变换而来，不要求数据矩阵有特定的结构形式。因子分析假定数据阵有特定的模型，且满足特定的条件，否则因子分析就可能是虚假的。

对于每一个原始数据矩阵而言，其主成分系数矩阵是唯一的，各主成分可以直接写为对应的特征向量与相应原始变量的线性组合，也不一定要求各主成分具有实际含义。因子分析可以看作是主成分分析方法的扩展，其初始因子载荷可以通过特征向量和特征根求得，但是由于确定的公因子数往往小于原始变量数，因此在因子载荷中包含特殊因子的影响。同时，因子载荷不是唯一的，这种不唯一性看似不利，实际上却为因子旋转提供了方便，便于对因子载荷进一步简化，使得各公因子具有明确的实际意义。

当特殊因子变差贡献率为零时，主成分分析和因子分析完全等价。因此当因子模型成立，而且特殊因子变差贡献率很小时，可以期待两者得到相同的结果，而当特殊因子贡献较大时，因子分析把公因子和特殊因子严格区分开，而主成分分析则把这些因子不加区别地混在一起作为主成分保留或舍弃，此时两者在结果上存在明显不同。

 练习题

现要研究 2011 年我国 31 个省区市（不包括港澳台地区）的经济发展情况，请搜集以下相关指标，分别对它们进行主成分分析和因子分析。

相关指标：GDP、居民消费水平、固定资产投资、职工平均工资、货物周转量、居民消费价格指数、商品零售价格指数、工业总产值。

実验 16

判别分析

16.1　实 验 目 的

（1）掌握判别分析的基本思想。
（2）掌握判别分析应用时的要点。
（3）掌握利用 SPSS 软件实现判别分析的过程，并能够正确解读结果。

16.2　实 验 原 理

　　判别分析按判别的组数来区分，有两组判别分析和多组判别分析；按区分不同总体的所用的数学模型来分，有线性判别和非线性判别；按判别时所处理的变量方法不同，有逐步判别和序贯判别等。本文介绍的距离判别分析是一种常见的判别分析方法。它的基本思想是：根据已知分类的数据，分别计算各类的重心即分组（类）的均值，判别准则是对任意给的一次观测，若它与第 i 类的重心距离最近，就认为它来自第 i 类。判别分析最基本的要求是：分组类型在两组以上；每组案例的规模必须至少在一个以上。解释变量必须是可测量的，才能够计算其平均值和方差，使其能合理地应用于统计函数。

　　与其他多元线性统计模型类似，判别分析的假设之一是每一个判别变量（解释变量）不能是其他判别变量的线性组合；判别分析的假设之二是各组变量的协方差矩阵相等；判别分析的假设之三是各判别变量之间具有多元正态分布，即每个变量对于所有其他变量的固定值有正态分布。

16.3　实 验 数 据

　　请对表 16-1 中有关城镇居民家庭平均每人生活消费支出的相关数据进行判别分析。

表 16-1　2011 年 31 个省份城镇居民家庭平均每人生活消费支出

X1：人均食品支出（元/人）　　　　　　　　　X2：人均衣着支出（元/人）

X3：人均住房支出（元/人）　　　　　　　　　X4：人均家庭设备及服务支出（元/人）

X5：人均交通和通信支出（元/人）　　　　　　X6：人均文教娱乐用品及服务支出（元/人）

X7：人均医疗保健支出（元/人）　　　　　　　X8：其他商品及服务支出（元/人）

序号	地区	X1	X2	X3	X4	X5	X6	X7	X8	Group
1	上海	8905.95	2053.81	2225.68	1826.22	3808.41	3746.38	1140.82	1394.86	1
2	广东	7471.88	1404.60	2005.15	1370.28	3630.62	2647.94	948.18	773.17	1
3	北京	6905.51	2265.88	1923.71	1562.55	3521.20	3306.82	1523.32	975.37	1
4	浙江	7066.22	2138.99	1517.06	1109.42	3728.23	2816.12	1248.90	811.51	1
5	江苏	6060.91	1772.06	1187.74	1193.81	2262.19	2695.52	962.45	647.06	1
6	福建	6534.94	1494.96	1661.84	1179.84	2470.18	1879.02	773.26	667.00	2
7	重庆	5847.90	2056.79	1205.66	1079.27	1717.73	1474.88	1050.62	540.63	2
8	云南	4802.26	1587.18	827.84	570.46	1905.86	1350.65	822.41	381.38	2
9	西藏	5184.18	1261.29	781.12	428.03	1278.00	514.44	424.10	527.74	2
10	四川	5571.69	1483.54	1226.14	1020.16	1757.52	1369.47	735.26	532.52	2
11	海南	5673.65	780.10	1342.29	729.86	1830.80	1141.81	783.34	360.91	2
12	广西	5074.49	1018.34	1237.91	884.85	2000.57	1502.65	779.08	349.48	2
13	湖北	5363.68	1677.91	1172.11	814.81	1382.20	1489.67	915.72	347.68	2
14	湖南	4943.89	1499.02	1292.55	940.79	1975.50	1526.10	790.76	434.25	2
15	安徽	5246.76	1371.01	1501.39	690.66	1365.01	1631.28	907.58	467.77	2
16	山东	4827.61	2008.84	1510.84	1013.82	2203.99	1538.44	938.86	517.27	2
17	江西	4675.16	1272.88	1114.49	914.88	1310.21	1429.30	641.23	389.06	2
18	贵州	4565.85	1209.88	1102.99	857.55	1395.28	1331.43	578.33	311.57	2
19	辽宁	5254.96	1854.63	1385.62	929.37	1899.06	1614.52	1208.30	643.15	3
20	内蒙古	4962.40	2514.09	1417.60	1162.87	2003.54	1812.07	1239.36	765.13	3
21	宁夏	4483.44	1701.73	1247.14	885.36	1637.61	1441.18	978.12	521.47	3
22	青海	4260.27	1394.28	1055.15	723.23	1293.45	967.90	854.25	406.93	3
23	吉林	4252.85	1769.47	1468.29	839.31	1541.37	1468.34	1108.51	562.48	3
24	新疆	4537.46	1715.94	888.16	791.43	1377.67	1122.18	912.99	493.56	3
25	甘肃	4182.47	1470.26	1139.85	660.48	1289.80	1158.30	874.05	413.37	3
26	河北	3927.26	1425.99	1372.25	809.85	1526.60	1203.99	955.95	387.40	3
27	黑龙江	4348.45	1681.88	1185.96	723.58	1363.62	1190.87	1082.96	476.89	3
28	河南	4212.76	1706.94	1087.08	977.52	1573.64	1373.94	918.83	484.76	3
29	山西	3558.04	1461.90	1327.78	832.74	1487.66	1418.43	851.30	415.44	3
30	天津	6663.31	1754.98	1763.44	1174.62	2699.53	2116.01	1415.39	836.82	
31	陕西	5040.47	1673.24	1193.81	914.26	1502.44	1857.60	1100.51	500.42	

资料来源：《中国统计年鉴》（2012）。

16.4 实 验 过 程

16.4.1 操作过程与界面说明

在 SPSS 26.0 中进行判别分析，具体程序如下：

（1）点击分析→分类→判别，进入判别主对话框。

①在分组变量框下选择"Group"变量（见图 16-1）。

②点击定义范围（D），最小值框中填："1"，最大值框中填："3"（见图 16-2）。

③在"自变量"列表框将 X1~X8 变量放置于此。

（2）点击主对话框右侧"统计"选项。在"描述"子选项下，勾选"平均值""单变量""博克斯"。

在"函数系数"子选项下，勾选"费希尔""未标准化"；在矩阵子选项下，勾选"组内相关性"，然后点击"继续"回到主对话框（见图 16-3）。

（3）点击主对话框的"分类"选项。选择"根据组大小计算"先验概率，显示"个案结果""摘要表""留-分类"，使用"组内"协方差矩阵，"合并组"图，点击继续（见图 16-4）。

（4）点击主对话框"保存"选项，勾选"预测组成员"，点击"继续"（见图 16-5）。

（5）点击主对话框"确定"按钮，运行判别分析程序。

程序操作过程如图 16-1 至图 16-5 所示。

图 16-1 判别分析主对话框

图 16-2 判别分析：定义范围对话框

图 16-3 统计子对话框

图 16-4   分类子对话框

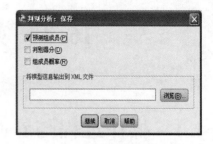

图 16-5   保存子对话框

16.4.2   基本分析结果

如表 16-2 所示，参加分析的变量总数为 31，有效观测量数为 29，占 93.5%；包含缺失值或分类变量范围之外的观测量数为 2，占 6.5%。

表 16-2   分析案例处理摘要

未加权案例		N	百分比（%）
有效		29	93.5
排除的	缺失或越界组代码	2	6.5
	至少一个缺失判别变量	0	0
	缺失或越界组代码还有至少一个缺失判别变量	0	0
	合计	2	6.5
合计		31	100

表 16-3 为观测量按照类别不同进行的基本描述性统计量输出，其中包括均值（Mean）、标准差（Std. Deviation）和有效观测量的个数等。可以从结果初步看到，不同省区市城镇居民家庭平均每人生活消费支出指标差异比较明显。

表 16-3   组统计量

Group		均值	标准差	有效的 N（列表状态）	
				未加权的	已加权的
1	X1	7282.0940	1043.14842	5	5.000
	X2	1927.0680	343.79075	5	5.000
	X3	1772.0680	415.04386	5	5.000
	X4	1412.4560	289.45836	5	5.000

Group		均值	标准差	有效的 N（列表状态）	
				未加权的	已加权的
1	X5	3390.1300	639.63529	5	5.000
	X6	3042.5560	472.39621	5	5.000
	X7	1164.7340	236.67180	5	5.000
	X8	920.3940	289.99244	5	5.000
2	X1	5254.7738	548.51180	13	13.000
	X2	1440.2108	355.98164	13	13.000
	X3	1229.0131	250.37297	13	13.000
	X4	855.7677	209.70304	13	13.000
	X5	1737.9885	375.71056	13	13.000
	X6	1398.3954	316.48791	13	13.000
	X7	780.0423	164.24941	13	13.000
	X8	448.3277	103.85890	13	13.000
3	X1	4361.8509	459.96650	11	11.000
	X2	1699.7373	311.46912	11	11.000
	X3	1234.1709	180.10771	11	11.000
	X4	848.7036	139.68019	11	11.000
	X5	1544.9109	231.93884	11	11.000
	X6	1342.9745	243.29836	11	11.000
	X7	998.6927	139.62641	11	11.000
	X8	506.4164	114.67407	11	11.000
合计	X1	5265.6169	1186.16819	29	29.000
	X2	1622.5928	374.40357	29	29.000
	X3	1324.5997	325.98980	29	29.000
	X4	949.0690	290.04704	29	29.000
	X5	1949.6041	770.61345	29	29.000
	X6	1660.8497	713.11867	29	29.000
	X7	929.3048	220.58937	29	29.000
	X8	551.7521	226.65839	29	29.000

　　接着给出了不同类之间"人均食品支出"等八个指标均值相等的检验，结果如表 16-4 所示。从结果看到，它们的相伴概率 P 值都远小于显著性水平 0.05，因此，可以认为三个类指标之间的均值存在显著差异，可以进行判别分析。

表 16-4　组均值的均等性的检验

指标	Wilks 的 Lambda	F	df1	df2	Sig.
X1	0.256	37.815	2	26	0.000
X2	0.755	4.217	2	26	0.026
X3	0.593	8.908	2	26	0.001
X4	0.449	15.945	2	26	0.000
X5	0.233	42.878	2	26	0.000
X6	0.189	55.902	2	26	0.000
X7	0.545	10.847	2	26	0.000
X8	0.415	17.307	2	26	0.000

表 16-5 为判别函数的特征值。由此可见，本案例有两个判别函数用于分析，特征值分别为 12.891 和 2.657，方差百分比分别为 82.9% 和 16.1%，方差累计百分比分别为 82.9% 和 100%。

表 16-5　判别函数的特征值

函数	特征值	方差百分比（%）	累积百分比（%）	正则相关性
1	12.891	82.9	82.9	0.963
2	2.657	16.1	100.0	0.852

注：分析中使用了前 2 个典型判别式函数。

表 16-6 是判别函数的显著性检验。由 Wilks' Lambda 检验可知，两个判别函数在 0.05 的显著性水平上是显著的。

表 16-6　判别函数的显著性检验

函数检验	Wilks' Lambda	卡方	df	Sig.
1~2	0.020	88.388	16	0.000
2	0.273	29.174	7	0.000

表 16-7 给出了标准化判别函数的系数，于是得到标准化判别函数如下：

F1＝0.981 ＊ 人均食品支出+0.238 ＊ 人均衣着支出－0.581 ＊ 人均住房支出－0.697 ＊ 人均家庭设备及服务支出+0.540 ＊ 人均交通和通信支出 +1.722 ＊ 人均文教娱乐用品及服务支出－0.757 ＊ 人均医疗保健支出－0.983 ＊ 其他商品及服务支出

F2＝－1.438 ＊ 人均食品支出－1.378 ＊ 人均衣着支出－0.860 ＊ 人均住房支出+0.146 ＊ 人均家庭设备及服务支出+0.384 ＊ 人均交通和通信支出+0.152 ＊ 人均文教娱乐用品及服务支出+1.236 ＊ 人均医疗保健支出+1.910 ＊ 其他商品及服务支出

表 16-8 是结构矩阵，即判别载荷。由判别权重和判别载荷可以看出哪些解释变量对判别函数的贡献较大。

表 16-7　标准化的典型判别函数系数

	函数	
	1	2
X1	0.981	−1.438
X2	0.238	−1.378
X3	−0.581	−0.860
X4	−0.697	0.146
X5	0.540	0.384
X6	1.722	0.152
X7	−0.757	1.236
X8	−0.983	1.910

表 16-8　结构矩阵

	函数	
	1	2
X6	0.534 *	0.485
X5	0.483 *	0.328
X1	0.475 *	0.018
X4	0.282 *	0.275
X7	0.098	0.517 *
X8	0.275	0.403 *
X2	0.067	0.317 *
X3	0.208	0.218 *

注：判别变量和标准化典型判别式函数之间的汇聚组间相关性按函数内相关性的绝对大小排序的变量；＊表示每个变量和任意判别式函数间最大的绝对相关性。

表 16-9 是非标准化的判别函数，具体如下：

F1＝−7.092＋0.002＊人均食品支出＋0.001＊人均衣着支出−0.002＊人均住房支出−0.003＊人均家庭设备及服务支出＋0.001＊人均交通和通信支出＋0.005＊人均文教娱乐用品及服务支出−0.004＊人均医疗保健支出−0.006＊其他商品及服务支出

F2＝5.998−0.002＊人均食品支出−0.004＊人均衣着支出−0.003＊人均住房支出＋0.001＊人均家庭设备及服务支出＋0.001＊人均交通和通信支出＋0.000＊人均文教娱乐用品及服务支出＋0.007＊人均医疗保健支出＋0.013＊其他商品及服务支出

表 16-10 为反映判别函数在各组的重心。根据结果可知：判别函数在 Group＝1 这一组的重心为（6.766，1.413），在 Group＝2 这一组的重心为（0.027，−1.712），在 Group＝3

表 16-9　典型判别函数系数

	函数	
	1	2
X1	0.002	−0.002
X2	0.001	−0.004
X3	−0.002	−0.003
X4	−0.003	0.001
X5	0.001	0.001
X6	0.005	0.000
X7	−0.004	0.007
X8	−0.006	0.013
常数项	−7.092	5.998

注：非标准化系数。

表 16-10　组质心处的函数

Group	函数	
	1	2
1	6.766	1.413
2	0.027	−1.712
3	−3.108	1.381

注：在组均值处评估的非标准化典型判别式函数。

这一组的重心为 (-3.108, 1.381)。这样我们就可以根据每个观测的判别 Z 得分将观测进行分类。

16.4.3　判别结果的图形化展示

图 16-6 为 SPSS 输出的联合分布图，可以看到两条坐标轴由第一判别函数和第二判别函数构成。显然三组界限比较明确，不太容易错判。

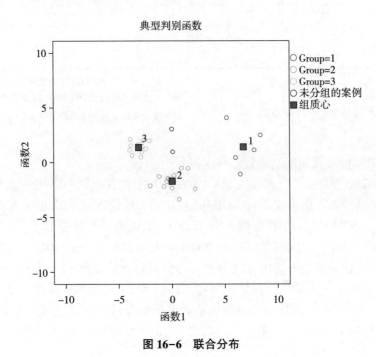

图 16-6　联合分布

16.4.4　判别结果的验证

由表 16-11 可以看出，通过判别函数预测，有 29 个观测是分类正确的，其中，Group=1 这个组 5 个观测全部被判对，Group=2 这个组 13 个观测全部被判对，Group=3 这个组 11 个观测全部被判对，判对率达 100%。而两个待判别的观测天津市和陕西省分别判给了 Group3 和 Group2（见图 16-7）。

表 16-11　分类结果

		Group	预测组成员			合计
			1	2	3	
初始	计数	1	5	0	0	5
		2	0	13	0	13
		3	0	0	11	11
		未分组的案例	0	1	1	2
	%	1	100.0	0	0	100.0
		2	0	100.0	0	100.0
		3	0	0	100.0	100.0
		未分组的案例	0	50.0	50.0	100.0
交叉验证[a]	计数	1	5	0	0	5
		2	0	11	2	13
		3	0	0	11	11
	%	1	100.0	0	0	100.0
		2	0	84.6	15.4	100.0
		3	0	0	100.0	100.0

注：a. 仅对分析中的案例进行交叉验证。在交叉验证中，每个案例都是按照从该案例以外的所有其他案例派生的函数来分类的。b. 已对初始分组案例中的 100.0% 个进行了正确分类。c. 已对交叉验证分组案例中的 93.1% 个进行了正确分类。

地区	x1	x2	x3	x4	x5	x6	x7	x8	Group	Dis_1
山 东	4827.61	2008.84	1510.84	1013.82	2203.99	1538.44	938.86	518.27	2	2
江 西	4675.16	1272.88	1114.49	914.88	1310.21	1429.30	641.23	389.06	2	2
贵 州	4565.85	1209.88	1102.99	857.55	1395.28	1331.43	578.33	311.57	2	3
辽 宁	5254.96	1854.63	1385.62	929.37	1899.06	1614.52	1208.30	643.15	3	3
内蒙古	4962.40	2514.09	1418.60	1162.87	2003.54	1812.07	1239.36	765.13	3	3
宁 夏	4483.44	1701.73	1247.14	885.36	1637.61	1441.18	978.12	521.47	3	3
青 海	4260.27	1394.28	1055.15	723.23	1293.45	967.90	854.25	406.93	3	3
吉 林	4252.85	1769.47	1468.29	839.31	1541.37	1468.34	1108.51	562.48	3	3
新 疆	4537.46	1715.94	888.16	791.14	1377.67	1122.18	912.99	493.56	3	3
甘 肃	4182.47	1470.26	1139.85	660.48	1289.80	1156.30	874.05	413.37	3	3
河 北	3927.26	1425.99	1372.25	809.85	1526.60	1203.99	955.95	387.40	3	3
黑龙江	4348.45	1681.88	1185.96	723.58	1363.62	1190.87	1082.96	476.89	3	3
河 南	4212.76	1706.94	1087.08	977.52	1573.64	1373.94	919.83	484.76	3	3
山 西	3558.04	1461.90	1327.78	832.74	1487.66	1419.43	851.30	415.44	3	3
天 津	6663.31	1754.98	1763.44	1174.62	2699.53	2116.01	1415.39	836.82		3
陕 西	5040.47	1673.24	1193.81	914.26	1502.44	1857.60	1100.51	500.42		2

图 16-7　待判别的观测

16.5 实验小结

判别分析的因变量是定类或者定序变量，以此把样本划分为不同的组类，而自变量可以是任何尺度的变量，只是定性变量需要以虚拟变量的方式进入模型。

 **练习题**

2017 年全国 31 个省份农村居民家庭人均生活消费支出的资料如表 14-7 所示，查找相关资料按人均收入、人均 GDP 以及消费支出将各省区市排序、分类，并用判别分析判断分类结果。

典型相关分析

17.1 实　验　目　的

（1）掌握典型相关分析的基本思想。
（2）掌握利用 SPSS 软件实现典型相关分析的过程，并能够正确解读结果。

17.2 实　验　原　理

典型相关分析就是研究两组变量间整体的线性相关关系的一种多元统计分析方法，它是将每一组变量作为一个整体来进行研究，而不是分析每一组变量内部的各个变量之间的相关关系。所研究的两组变量可以是一组变量为自变量，另一组变量为因变量，也可以是两组变量处于同等地位，但典型相关分析要求两组变量都至少是间隔尺度的。

典型相关分析是借助主成分分析的思想，对每一组变量分别寻找线性组合，使生成的新的综合变量能代表原始变量大部分的信息，同时，与由另一组变量生成的新的综合变量的相关程度最大，这样就生成了第一对典型相关变量，以同样的方法可以找到第二对、第三对……直到两组变量之间的相关性被提取完毕为止。典型相关变量之间的简单相关系数称为典型相关系数。一般来说，只需要提取 1~2 对典型变量即可较为充分地概括样本信息。

设两组变量用 $X = (X_1, X_2, \cdots, X_p)'$ 及 $Y = (Y_1, Y_2, \cdots, Y_q)'$ 表示（设 $p \leqslant q$）。X、

Y 的协方差矩阵为：$\mathrm{cov}\begin{bmatrix} X \\ Y \end{bmatrix} = \sum = \begin{bmatrix} \sum_{11} & \sum_{12} \\ \sum_{21} & \sum_{22} \end{bmatrix}$，其中 $\sum_{11}$ 是 X 的协方差矩阵，$\sum_{22}$

是 Y 的协方差矩阵，$\sum_{12} = \sum_{21}{}'$ 是 X、Y 的协方差矩阵。

用 X 和 Y 的线性组合 $U = a'X$，$V = b'Y$ 之间的相关性来研究 X 和 Y 之间的相关性。典型相关分析的目的就是希望找到向量 a 和 b，使 $\rho(U, V)$ 最大，从而找到替代原始变量的典型变量 U 和 V。在实际问题中，也可以从样本的相关阵 R 出发来计算样本的典型相关系数和典型变量。

17.3 实　验　数　据

2011 年全国 31 个省份城镇居民收入和支出的资料如表 17-1 和 16-1 所示，试进行典型相关分析。

表 17-1 2011 年全国 31 个省份（不包括港澳台地区）城镇居民平均每人全年家庭收入来源

Y1：人均工资性收入（元/人）　　　　　Y2：人均经营净收入（元/人）
Y3：人均财产性收入（元/人）　　　　　Y4：人均转移性收入（元/人）

省份	Y1	Y2	Y3	Y4	省份	Y1	Y2	Y3	Y4
上海	28550.76	1994.12	633.12	9354.29	江西	11654.36	1721.84	471.73	4808.59
广东	21092.14	3035.25	1242.95	4848.42	贵州	10754.45	1614.67	356.41	4873.34
北京	25161.22	1191.29	696.64	10075.23	辽宁	13093.86	2285.41	333.55	7166.95
浙江	20334.25	4383.89	1572.34	7973.91	内蒙古	14779.08	2320.36	513.36	4277.38
江苏	17761.58	3026.57	667.06	7516.76	宁夏	12396.71	2367.47	198.48	4691.94
福建	17438.81	2991.66	1752.82	5194.82	青海	11403.97	1054.60	78.64	5257.77
重庆	13827.72	1779.43	433.71	5753.42	吉林	12216.09	1860.32	235.31	4898.99
云南	12416.17	1785.61	1273.99	4779.36	新疆	12653.43	1412.32	149.06	3416.35
西藏	15854.97	486.92	358.07	1415.80	甘肃	11195.26	914.30	161.66	3996.15
四川	12687.29	1670.51	523.24	4807.05	河北	11686.60	1836.45	317.43	5750.43
海南	12876.92	2158.62	715.40	4343.24	黑龙江	10235.04	1529.14	141.26	5213.05
广西	13550.16	1699.84	844.91	4751.20	河南	12039.24	2264.36	286.02	4937.3
湖北	12622.44	1906.73	357.15	5306.95	山西	13146.47	875.24	274.09	5370.29
湖南	11550.09	2674.18	770.66	5088.95	天津	18794.08	1059.29	462.28	9600.40
安徽	12915.97	1874.45	569.96	5390.73	陕西	14051.28	771.75	214.18	5032.65
山东	17629.40	2294.85	615.69	4349.86					

资料来源：《中国统计年鉴》（2012）。

17.4 实验过程

在 SPSS 26 中，开始进行典型相关分析，具体程序如下：
打开数据文件 "Canonical correlation' sps"
（1）在 SPSS 软件主菜单栏中选择 "文件→新建→语法"。
Canonical correlation. sps'.
CANCORR Set1＝Y1 Y2 Y3 Y4
　　　　　　　/Set2＝X1 X2 X3 X4 X5 X6 X7 X8. "
（2）点击主菜单栏中的 "运行"，在 "运行" 的下拉菜单栏中，点击 "全部"，得到典型相关分析结果。
程序操作过程如图 17-1 和图 17-2 所示。

图 17-1　SPSS 软件主菜单框　　　　　　　图 17-2　SPSS 软件语法编辑窗口

17.4.1　两组变量间的相关系数

表 17-2 至表 17-4 分别为 31 个省份城镇居民收入指标的内部相关系数、居民支出指标的内部相关系数，以及两组指标间的相关系数。

由表 17-4 可知，Y1（人均工资性收入）与 X1（人均食品支出）、X4（人均家庭设备及服务支出）、X5（人均交通和通信支出）、X6（人均文教娱乐用品及服务支出）、X8（其他商品及服务支出）都高度相关。

表 17-2　城镇收入指标的内部相关系数

	Y1	Y2	Y3	Y4
Y1	1.0000	0.2553	0.4539	0.6466
Y2	0.2553	1.0000	0.6705	0.2165
Y3	0.4539	0.6705	1.0000	0.2031
Y4	0.6466	0.2165	0.2031	1.0000

表 17-3 居民支出指标的内部相关系数

	X1	X2	X3	X4	X5	X6	X7	X8
X1	1.0000	0.3005	0.7352	0.7841	0.8744	0.8271	0.3830	0.8257
X2	0.3005	1.0000	0.3491	0.5466	0.4302	0.5260	0.7490	0.6213
X3	0.7352	0.3491	1.0000	0.8294	0.8067	0.8021	0.5831	0.7835
X4	0.7841	0.5466	0.8294	1.0000	0.8300	0.9041	0.5700	0.8539
X5	0.8744	0.4302	0.8067	0.8300	1.0000	0.8919	0.5372	0.8279
X6	0.8271	0.5260	0.8021	0.9041	0.8919	1.0000	0.6230	0.8532
X7	0.3830	0.7490	0.5831	0.5700	0.5372	0.6230	1.0000	0.6235
X8	0.8257	0.6213	0.7835	0.8539	0.8279	0.8532	0.6235	1.0000

表 17-4 城镇收入指标和居民支出指标间的相关系数

	X1	X2	X3	X4	X5	X6	X7	X8
Y1	0.8815	0.4655	0.7823	0.8338	0.9048	0.8816	0.4898	0.9050
Y2	0.3963	0.2410	0.3240	0.3663	0.5197	0.4244	0.1569	0.2445
Y3	0.5757	0.0281	0.3733	0.3407	0.6483	0.4461	0.0122	0.2870
Y4	0.6138	0.4723	0.6731	0.7225	0.6795	0.8033	0.7516	0.6840

17.4.2 典型相关系数及显著性检验

典型相关分析的结果，共有 4 个典型相关系数（见表 17-5），第一典型相关系数为 0.984，第二典型相关系数为 0.851，第三典型相关系数为 0.638，第四典型相关系数为 0.389。

表 17-5 典型相关系数

1	0.984
2	0.851
3	0.638
4	0.389

随后，通过对总体的典型相关系数进行是否为零的假设检验，此处采用的是 Bartlett 的 x^2 检验，零假设是对应的典型相关系数为零。由表 17-6 可知，第一典型相关系数和第二典型相关系数的显著性概率（sig.）分别为 0.000 和 0.001，在 $\alpha = 0.05$ 的情况下，否定典型相关系数为零的假设，说明这两对典型变量间的相关性是显著的。

表 17-6　典型相关系数的零假设检验

	Wilk's	Chi-SQ	DF	Sig.
1	0.004	127.884	32.000	0.000
2	0.139	46.384	21.000	0.001
3	0.504	16.125	12.000	0.186
4	0.849	3.855	5.000	0.571

从以上分析结果可知，我国 31 个省份城镇居民收入和支出指标的相关性研究可以转化为研究第一对典型相关变量之间的关系以及第二对典型相关变量之间的关系。

17.4.3　典型变量的系数

表 17-7 和表 17-8 分别为我国 31 个省份城镇居民收入和支出指标的原始变量（Raw Canonical Coefficient）和标准化变量（Standardized Canonical Coefficient）的典型相关变量的换算系数。本实验采用城镇居民收入和支出的标准化系数。

表 17-7　城镇居民收入指标的原始变量和标准化变量典型相关变量的换算系数

	原始变量				标准化变量			
	1	2	3	4	1	2	3	4
Y1	0.000	0.000	0.000	0.000	-0.761	-0.139	-1.245	-0.205
Y2	0.000	0.000	0.000	-0.002	-0.213	-0.039	0.050	-1.363
Y3	0.000	-0.002	0.002	0.003	-0.108	-0.724	0.763	1.075
Y4	0.000	0.000	0.001	0.000	-0.139	0.865	0.980	0.313

表 17-8　城镇居民支出指标的原始变量和标准化变量典型相关变量的换算系数

	标准化变量			
	1	2	3	4
X1	-0.185	-0.356	0.443	0.410
X2	-0.168	-0.801	-0.122	-1.484
X3	-0.097	-0.425	-0.127	-0.492
X4	0.150	0.648	0.007	-0.473
X5	-0.557	-1.293	0.591	-0.047
X6	-0.327	0.514	0.588	-0.197
X7	0.181	1.183	0.809	0.815
X8	-0.049	0.757	-2.043	1.083

由以上输出可知，来自收入指标的第一典型变量的计算公式为：

U1 = -0.761Y1 - 0.213Y2 - 0.108Y3 - 0.139Y4

来自支出指标的第一典型变量的计算公式为：

V1 = -0.185X1 - 0.168X2 - 0.097X3 + 0.150X4 - 0.557X5 - 0.327X6 + 0.181X7 - 0.049X8

来自收入指标的第二典型变量的计算公式为：

U2 = -0.139Y1 - 0.039Y2 - 0.724Y3 + 0.865Y4

来自支出指标的第二典型变量的计算公式为：

V2 = -0.356X1 - 0.801X2 - 0.425X3 + 0.648X4 - 1.293X5 + 0.514X6 + 1.183X7 + 0.757X8

17.4.4 典型结构分析

典型结构分析即分析原始变量和典型变量之间的相关程度，由于前面的检验说明只有第一对和第二对典型变量有统计学意义，因此只考虑这两对变量即可。

典型载荷（Canonical Loadings）表示一组原始变量与其相应的典型变量之间的关系，交叉载荷（Cross Loadings）表示一组原始变量与其对立的典型变量之间的关系。

表 17-9 为收入指标的原始变量与表示收入的典型变量 U1 之间的相关分析。表 17-10 为支出指标的原始变量与表示支出的典型变量 V1 之间的相关分析。表 17-11 为收入指标的原始变量与其对立的表示支出的典型变量 V1 之间的相关分析。表 17-12 为支出指标的原始变量与其对立的表示收入的典型变量 U1 之间的相关分析。

表 17-9 收入指标的原始变量与典型变量 U1 的相关分析

	1	2	3	4
Y1	-0.955	0.082	-0.251	0.138
Y2	-0.510	-0.373	0.457	-0.626
Y3	-0.625	-0.637	0.431	0.132
Y4	-0.699	0.619	0.342	0.104

表 17-10 支出指标的原始变量与典型变量 V1 的相关分析

	1	2	3	4
Y1	-0.940	0.070	-0.160	0.054
Y2	-0.502	-0.317	0.291	-0.244
Y3	-0.615	-0.542	0.275	0.051
Y4	-0.688	0.527	0.218	0.040

表 17-11 收入指标的原始变量与典型变量 V1 的相关分析

	1	2	3	4
X1	−0.917	−0.028	−0.056	0.233
X2	−0.482	0.369	−0.130	−0.632
X3	−0.811	0.224	−0.020	0.026
X4	−0.864	0.291	−0.080	−0.199
X5	−0.979	−0.032	0.096	0.042
X6	−0.936	0.274	0.082	−0.072
X7	−0.520	0.666	0.227	−0.169
X8	−0.881	0.292	−0.352	0.010

表 17-12 支出指标的原始变量与典型变量 U1 的相关分析

	1	2	3	4
X1	−0.903	−0.024	−0.036	0.091
X2	−0.474	0.314	−0.083	−0.246
X3	−0.798	0.191	−0.012	0.010
X4	−0.850	0.248	−0.051	−0.078
X5	−0.964	−0.028	0.061	0.016
X6	−0.921	0.233	0.052	−0.028
X7	−0.512	0.567	0.145	−0.066
X8	−0.867	0.249	−0.224	0.004

17.4.5 典型冗余分析

典型冗余分析用来表示各典型变量对原始变量组整体的变差解释程度，分为组内变差解释和组间变差解释，表 17-13 至表 17-16 即为典型冗余分析的结果。

表 17-13 收入组指标的自我解释

典型变量	解释的组内变差比例（%）
CV1-1	0.513
CV1-2	0.234
CV1-3	0.144
CV1-4	0.110

表 17-14 收入变量组由支出指标解释

典型变量	解释的组间变差比例（%）
CV2-1	0.497
CV2-2	0.169
CV2-3	0.058
CV2-4	0.017
CV1-3	0.011
CV1-4	0.010

表 17-15 支出组指标的自我解释

典型变量	解释的组内变差比例（%）
CV2-1	0.670
CV2-2	0.110
CV2-3	0.027
CV2-4	0.066

表 17-16 支出变量组由收入指标解释

典型变量	解释的组间变差比例（%）
CV1-1	0.649
CV1-2	0.079
CV1-3	0.011
CV1-4	0.010

由以上结果可知，来自收入指标的第一典型变量 U1 可以解释相应的收入变量组 51.3% 的组内变差，第二典型变量 U2 可以解释收入变量组 23.4% 的组内变差。

来自支出指标的第一典型变量 V1 可以解释对立的收入变量组 49.7% 的变差，第二典型变量 V2 则能解释 16.9% 的变差。但是用支出解释收入是因果颠倒的，因此不合适。

来自支出指标的第一典型变量 V1 可以解释相应的支出变量组 67.0% 的组内变差，第二典型变量 V2 可以解释支出变量组 11.0% 的组内变差。

来自收入指标的第一典型变量 U1 可以解释对立的支出变量组 64.9% 的变差，第二典型变量 U2 则能解释 7.9% 的变差。

17.5 实验小结

进行典型相关分析前，需要对两个变量组进行初步分析，判断变量组之间的影响是双向相关还是单向的因果关系，这对于结果的解释非常重要，本实验的例子就是单向的因果关系，输出结果中某些数据就不能使用。

 练习题

2011 年全国 31 个省份（不包括港澳台地区）农村居民收入和支出的资料如表 17-17 和表 14-7 所示，试进行典型相关分析。

表 17-17　2011 年全国 31 个省份农村居民平均每人全年家庭收入来源

Y1：人均工资性收入（元/人）　　　　　　　　Y2：人均经营净收入（元/人）
Y3：人均财产性收入（元/人）　　　　　　　　Y4：人均转移性收入（元/人）

省份	Y1	Y2	Y3	Y4	省份	Y1	Y2	Y3	Y4
北京	9578.85	1363.27	1537.01	2256.55	湖北	2703.05	3731.34	84.45	379.08
天津	6829.24	3908.07	742.43	841.48	湖南	3240.81	2725.20	112.19	488.86
河北	3423.95	3006.20	206.36	483.18	广东	5854.68	2498.11	490.43	528.51
山西	2684.87	2140.83	170.41	605.30	广西	1820.37	3007.93	41.22	361.80
内蒙古	1310.86	4216.50	337.59	775.62	海南	2004.63	3826.99	85.77	528.62
辽宁	3179.75	4270.99	244.61	601.19	重庆	2894.53	2748.25	139.67	697.96
吉林	1469.19	4950.40	395.73	694.63	四川	2652.46	2761.69	140.38	574.02
黑龙江	1496.51	4784.08	545.24	764.85	贵州	1713.52	1980.21	59.50	392.13
上海	10493.03	876.77	1244.05	3439.94	云南	1138.55	2966.18	217.99	398.27
江苏	5969.02	3490.26	414.30	931.37	西藏	1008.03	3142.62	113.60	640.03
浙江	6721.32	4981.76	555.70	811.91	陕西	2395.45	2016.20	165.27	449.95
安徽	2723.17	2986.07	105.96	416.00	甘肃	1561.97	1866.77	82.46	398.18
福建	3889.54	4094.78	291.47	502.75	青海	1775.39	2088.80	93.69	650.59
江西	2994.49	3421.42	111.52	364.19	宁夏	2164.24	2730.43	116.43	398.85
山东	3715.25	3935.24	246.45	445.19	新疆	804.73	3887.15	147.14	603.13
河南	2523.77	3601.12	108.14	370.99					

资料来源：《中国统计年鉴》（2012）。

对应分析

18.1 实 验 目 的

（1）掌握对应分析方法的基本思想。

（2）掌握利用 SPSS 软件实现对应分析的操作过程，并能够正确解读结果。

（3）熟悉对应分析在市场调查领域的具体应用。

18.2 实 验 原 理

对应分析（Correspondence Analysis）也称关联分析、相应分析、R-Q 型因子分析，是由法国统计学家 Benzecri 于 1970 年提出的。它是一种多元相依变量统计分析技术，通过分析由定性变量构成的交互汇总表来揭示变量间的联系。它可以揭示同一变量的各个类别之间的差异，以及不同变量各个类别之间的对应关系。

由于对应分析是一种视觉化的数据分析方法，它能够将几组看不出任何联系的数据，通过视觉上可以接受的定位图展现出来，所以它主要应用在市场细分、产品定位、地质研究和计算机工程等领域。

对应分析是利用"降维"的方法，以两变量的交叉列联表为研究对象，通过图形的方式，直接揭示变量之间以及变量的不同类别之间的联系，是特别适合于多分类属性变量研究的一种多元统计分析方法。该方法是在因子分析的基础上发展起来的，是将定类型或定序型变量转换为可度量的分值，并通过降低变量的维度作分值分布图。

对应分析结合了因子分析和多维尺度方法的优点。其一大特点是可以在一张二维图上同时表示出两类属性变量的各种状态，以直观描述原始数据结构。在降维度方面，对应分析与因子分析类似；在作分布图方面，对应分析与多维尺度方法类似。这些特点是传统的统计方法所不具备的。因此，在分析品质型变量数据时，对应分析是一个有力的工具。

18.2.1 对应分析的基本步骤

（1）编制交叉列联表并计算概率矩阵 P。

（2）根据概率矩阵 P 确定数据点坐标。

（3）行变量和列变量的分类降维处理。

（4）绘制行列变量分类的对应分布图。

18.2.2　对应分析方法的优缺点

（1）定性变量划分的类别越多，这种方法的优越性越明显。
（2）揭示行变量类间与列变量类间的联系。
（3）将类别的联系直观地表现在图形中。
（4）不能用于相关关系的假设检验。
（5）维数由研究者自定。
（6）受极端值的影响。

18.3　实验数据

【例 18-1】　中美纯水有限公司欲为其新推出的一种纯水产品起一个合适的名字，为此专门委托了当地的策划咨询公司，取了一个名字"波澜"。

一个好的名字至少应该满足两个条件：第一，会使消费者联想到正确的产品"纯水"；第二，会使消费者产生与正确产品密切相关的联想，如"纯净""清爽"等。

后来中美纯水有限公司委托调查统计研究所，进行了一次全面的市场研究，采用问卷调查方式对消费者进行名称联想调查，以便最终确定产品品牌名称。调查的代码和含义如表 18-1 所示。

表 18-1　调查代码和含义

代码	含义	代码	含义
Name1	玉泉	Product1	雪糕
Name2	雪源	Product2	纯水
Name3	春溪	Product3	碳酸饮料
Name4	期望	Product4	果汁饮料
Name5	波澜	Product5	保健食品
Name6	天山绿	Product6	空调
Name7	中美纯	Product7	洗衣机
Name8	雪浪花	Product8	毛毯

调查数据如表 18-2 所示。

表18-2　问卷调查数据

	Name1	Name2	Name3	Name4	Name5	Name6	Name7	Name8
Product1	50	442	27	21	14	50	30	258
Product2	508	110	272	51	83	88	605	79
Product3	55	68	93	36	71	47	37	77
Product4	109	95	149	41	36	125	44	65
Product5	34	29	45	302	37	135	42	18
Product6	11	28	112	146	113	39	28	31
Product7	30	12	54	64	365	42	8	316
Product8	2	4	17	36	29	272	9	35

18.4　实 验 过 程

18.4.1　实验步骤

（1）数据录入。

打开SPSS 26.0数据编辑器，建立"对应分析.sav"文件。在变量视图中录入3个变量，分别为"品牌""产品"和"频数"，定义值标签，然后在数据视图中将数据对应录入，相关操作及变量视图的效果图如图18-1至图18-3所示。

图18-1　"品牌"变量值标签

图18-2　"产品"变量值标签

图 18-3　定义变量

依次点击"数据→加权个案→描述"再将"频数"导入"频率变量"(见图 18-4)。

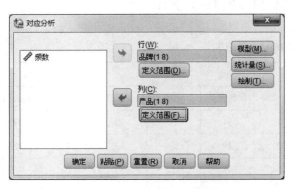

图 18-4　加权个案对话框

(2)进行对应分析。

依次点击"分析→数据降维→对应分析→将品牌导入行→定义全距→最小值为 1,最大值为 8→将产品名称导入列→定义全距→最小值为 1,最大值为 8→点击更新→点击继续",操作过程如图 18-5 和图 18-6 所示。

图 18-5　对应分析对话框　　　　　　　图 18-6　定义行范围对话框

依次点击"模型→选择距离度量中的卡方→继续",操作过程如图18-7所示。

依次点击"统计量→选择行概要、列概要、对应表、行点概述、列点概述→继续",操作过程如图18-8所示。

依次点击"图→选择散点图中的双标图、行点、列点→选择线图中的已转换的行类别、已转换的列类别→继续",操作过程如图18-9所示。

图18-7 模型子对话框

图18-8 统计子对话框

图18-9 图子对话框

18.4.2 实验结果输出

输出结果如表18-3至表18-8、图18-10至图18-16所示。

表18-3 对应表

品牌	产品								
	雪糕	纯水	碳酸饮料	果汁饮料	保健食品	空调	洗衣机	毛毯	有效边际
玉泉	50	508	55	109	34	11	30	2	799
雪源	442	110	68	95	29	28	12	4	788
春溪	27	272	93	149	45	112	54	17	769
期望	21	51	36	41	302	146	64	36	697
波澜	14	83	71	36	37	113	365	29	748
天山绿	50	88	47	125	135	39	42	272	798

品牌	产品								
	雪糕	纯水	碳酸饮料	果汁饮料	保健食品	空调	洗衣机	毛毯	有效边际
中美纯	30	605	37	44	42	28	8	9	803
雪浪花	258	79	77	65	18	31	316	35	879
有效边际	892	1796	484	664	642	508	891	404	6281

表 18-4　行简要表

品牌	产品								
	雪糕	纯水	碳酸饮料	果汁饮料	保健食品	空调	洗衣机	毛毯	有效边际
玉泉	0.063	0.636	0.069	0.136	0.043	0.014	0.038	0.003	1.000
雪源	0.561	0.140	0.086	0.121	0.037	0.036	0.015	0.005	1.000
春溪	0.035	0.354	0.121	0.194	0.059	0.146	0.070	0.022	1.000
期望	0.030	0.073	0.052	0.059	0.433	0.209	0.092	0.052	1.000
波澜	0.019	0.111	0.095	0.048	0.049	0.151	0.488	0.039	1.000
天山绿	0.063	0.110	0.059	0.157	0.169	0.049	0.053	0.341	1.000
中美纯	0.037	0.753	0.046	0.055	0.052	0.035	0.010	0.011	1.000
雪浪花	0.294	0.090	0.088	0.074	0.020	0.035	0.359	0.040	1.000
质量	0.142	0.286	0.077	0.106	0.102	0.081	0.142	0.064	

表 18-5　列简要表

品牌	产品								
	雪糕	纯水	碳酸饮料	果汁饮料	保健食品	空调	洗衣机	毛毯	质量
玉泉	0.056	0.283	0.114	0.164	0.053	0.022	0.034	0.005	0.127
雪源	0.496	0.061	0.140	0.143	0.045	0.055	0.013	0.010	0.125
春溪	0.030	0.151	0.192	0.224	0.070	0.220	0.061	0.042	0.122
期望	0.024	0.028	0.074	0.062	0.470	0.287	0.072	0.089	0.111
波澜	0.016	0.046	0.147	0.054	0.058	0.222	0.410	0.072	0.119
天山绿	0.056	0.049	0.097	0.188	0.210	0.077	0.047	0.673	0.127
中美纯	0.034	0.337	0.076	0.066	0.065	0.055	0.009	0.022	0.128
雪浪花	0.289	0.044	0.159	0.098	0.028	0.061	0.355	0.087	0.140
有效边际	1.000	1.000	1.000	1.000	1.000	1.000	1.000	1.000	

表 18-6 摘要

维数	奇异值	惯量	卡方	Sig.	惯量比例		置信奇异值	
					解释	累积	标准差	相关 2
1	0.598	0.358			0.333	0.333	0.010	0.150
2	0.558	0.312			0.290	0.624	0.011	
3	0.474	0.225			0.209	0.833		
4	0.373	0.139			0.130	0.963		
5	0.188	0.035			0.033	0.996		
6	0.069	0.005			0.004	1.000		
7	0.006	0.000			0.000	1.000		
总计		1.073	6742.331	0.000[a]	1.000	1.000		

注：a. 49 自由度。

表 18-7 概述行点[a]

品牌	质量	维中的得分		惯量	贡献				
		1	2		点对维惯量		维对点惯量		
					1	2	1	2	总计
玉泉	0.127	−1.067	0.014	0.090	0.242	0.000	0.960	0.000	0.960
雪源	0.125	0.139	−1.348	0.194	0.004	0.408	0.007	0.655	0.662
春溪	0.122	−0.360	0.213	0.040	0.027	0.010	0.236	0.077	0.313
期望	0.111	0.643	1.063	0.175	0.077	0.225	0.157	0.401	0.559
波澜	0.119	0.790	0.004	0.142	0.124	0.000	0.313	0.000	0.313
天山绿	0.127	0.548	0.901	0.188	0.064	0.185	0.121	0.306	0.427
中美纯	0.128	−1.296	0.173	0.140	0.359	0.007	0.917	0.015	0.933
雪浪花	0.140	0.664	−0.813	0.104	0.103	0.166	0.356	0.498	0.854
有效总计	1.000			1.073	1.000	1.000			

注：a. 对称标准化。

表 18-8 概述列点[a]

产品	质量	维中的得分		惯量	贡献				
		1	2		点对维惯量		维对点惯量		
					1	2	1	2	总计
雪糕	0.142	0.343	−1.459	0.231	0.028	0.541	0.043	0.730	0.773

续表

产品	质量	维中的得分		惯量	贡献				
					点对维惯量		维对点惯量		
		1	2		1	2	1	2	总计
纯水	0.286	−1.126	0.091	0.226	0.606	0.004	0.958	0.006	0.964
碳酸饮料	0.077	0.088	−0.172	0.007	0.001	0.004	0.051	0.179	0.230
果汁饮料	0.106	−0.119	0.044	0.024	0.003	0.000	0.037	0.005	0.042
保健食品	0.102	0.538	1.134	0.152	0.049	0.235	0.116	0.482	0.599
空调	0.081	0.463	0.553	0.055	0.029	0.044	0.188	0.250	0.438
洗衣机	0.142	0.943	−0.306	0.200	0.211	0.024	0.376	0.037	0.413
毛毯	0.064	0.824	1.129	0.177	0.073	0.147	0.147	0.258	0.406
有效总计	1.000			1.073	1.000	1.000			

注：a. 对称标准化。

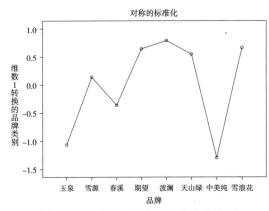

图 18-10　维数 1 转换的品牌名称类别

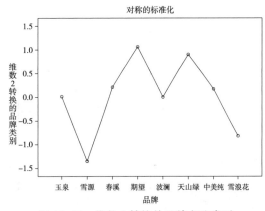

图 18-11　维数 2 转换的品牌名称类别

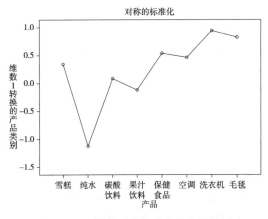

图 18-12　维数 1 转换的产品名称类别

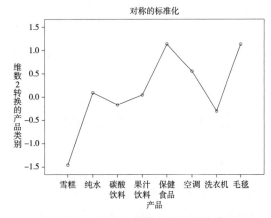

图 18-13　维数 2 转换的产品名称类别

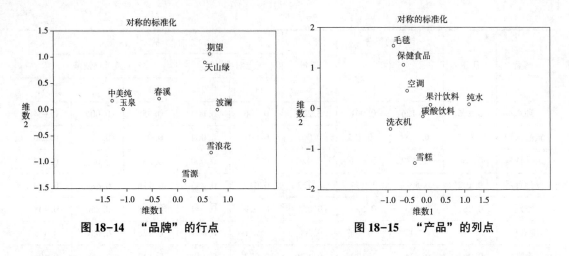

图 18-14 "品牌"的行点　　　　图 18-15 "产品"的列点

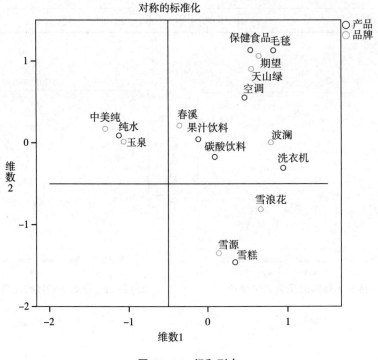

图 18-16 行和列点

18.4.3 实验分析

（1）表 18-3 是产品名称与品牌名称的交叉列联表，表中的数据为相应的频数，有效边际是相应的合计数据。可以看到，在调查的 6281 名消费者中，大多数消费者以雪浪花、中美纯、玉泉、天山绿、雪源命名品牌，大多数消费者命名的产品是纯水、雪糕、洗衣机。尽管通过对应表发现消费者命名产品的倾向，但没有揭示出以哪种品牌命名哪种产品的规律。

（2）表18-4是对表18-3的补充，是用对应表中相应位置的数据除以每一行的有效边际，如50/799＝0.063，显示了各频数在各行方向上的百分比，较对应表更直观清晰。可以看到，消费者命名雪糕、纯水、碳酸饮料、果汁饮料、保健食品、空调、洗衣机、毛毯分别占总消费者的14.2%、28.6%、7.7%、10.6%、10.2%、8.1%、14.2%、6.4%，命名纯水的比例最高，为28.6%，命名"毛毯"的比例最低，仅为6.4%。

（3）表18-5也是对表18-3的补充，是用表18-3中相应位置的数据除以每一列的有效边际，如50/892＝0.056，显示了各频数在列向上的百分比，比表18-3更直观清晰。可以看到，消费者以雪浪花、中美纯命名品牌的比例最高，分别占到14.0%和12.8%，以期望命名品牌的比例最低，仅为11.1%。

（4）若将表18-6中的数据看为一个矩阵A，则惯量为AA′的特征值λ_i，奇异值为对应特征值开根所得的结果，即$\sqrt{\lambda_i}$。惯量是度量行列关系的强度。惯量比例中的解释为各特征值所占特征值总和的百分比，即方差贡献率$\lambda_i / \sum_{i=1}^{5} \lambda_i$。在表18-6中，由对应分析的基本原理可知，提取的特征根个数为$\min\{r, c\} - 1$，由于品牌名称有8个水平（$r=8$），产品名称有8种（$c=8$），因此提取惯量，也即特征值。其中，第一个特征根的值最大，意味着它解释各别差异的能力最强，地位最重要，其他特征根的重要性依次下降，特征根的总和为1.073；第四、第五列是对交叉列联表作卡方检验的卡方观测值（6742.331）和相应的p值（0.000），由于$p=0.000 < 0.05$，因此拒绝原假设，认为行变量和列变量有显著的相关性关系；第六列是各个特征根的方差贡献率，第一个特征根的方差贡献率为0.333，方差贡献率是最高的；第七列是各特征根的累计方差贡献率，由于前三个特征根已经解释了各类别差异的83.3%，因此最终提取3个因子是可行的。

（5）表18-7为行变量各分类降维的情况，质量表示行变量占各变量总和的百分比，维中的得分为各变量在各公共因子上的得分。第二列是行变量各类别的百分比；第三、第四列是行变量各类别在第1、第2个因子上的因子载荷，它们将成为分布图中的数据点的坐标；第五列为各特征根；第六、第七列是行变量各分类对第1、第2个因子值差异的影响程度；雪浪花这个品牌对第1个因子值的差异影响最大（35.9%），雪源这个品牌对第2个因子值的差异影响最大（40.8%）；第八、第九、第十列是第1、第2因子对行变量各分类差异的解释程度。玉泉这个品牌第1个因子解释了96.0%的差异；中美纯品牌第1个因子解释了91.7%的差异，第2个因子解释了1.5%的差异，两个因子共解释了93.2%的差异。

（6）图18-10是品牌在第1个因子上的载荷图，由图可知"波澜"和"雪浪花"类的载荷最高。

（7）图18-11是品牌在第2个因子上的载荷图，由图可知"期望""天山绿"类的载荷最高。

（8）图18-12是产品在第1个因子上的载荷图，由图可知"洗衣机"类的载荷最高。

（9）图18-13是产品在第2个因子上的载荷图，由图可知"保健食品"和"毛毯"类的载荷最高。

（10）图 18-14 是品牌在第 1、第 2 因子上载荷的散点图，借助该图可分析品牌各类间的差异性；可以看出，这些类别可以分别自成一类。

（11）图 18-15 是产品在第 1、第 2 因子上载荷的散点图，借助该图可分析产品各类间的差异性；可以看出，"雪糕""纯水"可分别自成一类，其他产品可粗略看成一类。

（12）图 18-16 是产品名称与品牌名称的对应分布图，借助该图可分析产品名称与品牌名称各类间的倾向性。可以看出，"雪源"品牌偏向于给雪糕命名，"春溪"品牌偏向于给果汁饮料命名，"波澜"品牌倾向于给洗衣机命名，"期望"品牌偏向于给保健食品命名，"中美纯""玉泉"品牌倾向于给纯水命名，其余品牌类别对产品的选择差异不十分显著。

最终我们可以看出各个品牌在消费者的心目中对应的产品分别为：雪源<——>雪糕；期望<——>保健食品；玉泉<——>纯水；中美纯<——>纯水；波澜<——> 洗衣机。[①]

由表 18-9 可以看出，"波澜"（Name5）与"洗衣机"（Product7）产品相联系，因此"波澜"不是合适的纯净水品牌名称。中美纯水公司的产品是"纯水"（Product2），如果想要使该名称给人们一种纯净的感觉，那么"中美纯"（Name7）将是最好的商品名称。如果想要使该名称给人们一种清爽的感觉，那么"玉泉"（Name1）将是最好的商品名称。

表 18-9　分析结果

结果	Name	Product
1	Name4	Product5
	期望	保健食品
2	Name5	Product7
	波澜	洗衣机
3	Name7	Product2
	中美纯	纯水
4	Name2	Product1
	雪源	雪糕

中美纯水公司接受了调查统计研究所的建议，没有使用"波澜"这个名称，而用了"中美纯"作为品牌的名称。

18.5　实验小结

对应分析的基本思想是将一个联列表的行和列中各元素的比例结构以点的形式在较低

---

① 符号<——>表示这种关系是相互的。

维的空间中表示出来。

首先，编制两品质型变量的交叉列联表，将交叉列联表中的每个数据单元看成两变量在相应类别上的对应点。

其次，对应分析将变量及变量之间的联系同时反映在一张二维或三维的散点图上，并使联系密切的类别点较集中，联系疏远的类别点较分散。

最后，通过观察对应分布图就能直观地把握变量类别之间的联系。

对应分析最大特点是能把众多的样品和众多的变量同时作到同一张图解上，将样品的大类及其属性在图上直观且明了地表示出来，具有直观性。另外，它还省去了因子选择和因子轴旋转等复杂的数学运算及中间过程，可以从因子载荷图上对样品进行直观的分类，而且能够指示分类的主要参数（主因子）以及分类的依据，是一种直观、简单、方便的多元统计方法。

对应分析从编制两变量的交叉列联表入手，并通过交叉列联表进一步分析和探索变量之间的关系。其整个处理过程由两部分组成：表格和关联图。对应分析法中的表格是一个二维的表格，由行和列组成。每一行代表事物的一个属性，依次排开。列则代表不同的事物本身，它由样本集合构成，排列顺序并没有特别的要求。在关联图上，各个样本都浓缩为一个点集，而样本的属性变量在图上同样也是以点集合的形式显示出来。

对应分析的关键问题有两个：一是如何将多个类别点表示在低维空间中，以便于直接观察；二是如何确定各类别点的坐标，以易于鉴别类别间联系的强弱。为解决以上问题，对应分析采用与因子分析类似的方法降低维数，采用与多维尺度分析类似的方法绘制图形。

 练习题

1. 现收集到购买商品房的客户背景资料和房屋购买情况的数据，根据这些数据分析不同客户对户型购买的偏好。见数据文件"对应分析（买房）. sav"。

2. 表 18-10 列出的是某公司 193 例不同职业类型的人员吸烟行为的调查数据。被调查人员按职业类型分为 5 个档次，分别为高层管理者、低层管理者、高级职员、低级职员和文秘，用数字 1~5 表示；吸烟行为分为 4 个档次，分别为不吸烟、轻微、中等和严重，用数字 1~4 表示。利用对应分析研究职业类型和吸烟行为之间的关系。

表 18-10　193 例吸烟行为和职业类型数据

职业类型	吸烟行为	人数
1	1	4
1	2	2
1	3	3
1	4	2

职业类型	吸烟行为	人数
2	1	4
2	2	3
2	3	7
2	4	4
3	1	25
3	2	10
3	3	12
3	4	4
4	1	18
4	2	24
4	3	33
4	4	13
5	1	10
5	2	6
5	3	7
5	4	2

3. 表18-11 中的数据是美国在 1973~1978 年被授予哲学博士学位的人数,利用对应分析方法分析该组数据。

表 18-11　1973~1978 年美国被授予哲学博士学位的人数　　　　单位:人

学科	年份					
	1973	1974	1975	1976	1977	1978
生命行为	2444	2587	2749	2878	2960	3049
生命科学	4489	4303	4402	4350	4266	4361
社会学	3354	3286	3344	3278	3137	3008
物理学	4101	3800	3749	3572	3410	3234
数学	1222	1196	1149	1003	959	959
工程学	3338	3144	2959	2791	2641	2432

4. 现有某公司雇员和他们的汽车情况,内容如表18-12 所示,数据见 "corres. sav"。利用对应分析法分析该组数据。

表 18-12　车主的车型及车主特征

产地	1 = "美国'	2 = "日本"	3 = "欧洲"
轿车的尺寸	1 = "小型"	2 = "中型"	3 = "大型"
车型	1 = "家用车"	2 = "跑车"	3 = "公用车"
拥有方式	1 = "自己的"	2 = "租用的"	
车主性别	1 = "男"	2 = "女"	
收入	1 = "1 项收入"	2 = "2 项收入"	
婚姻状况	1 = "单身带孩子" 3 = "单身"	2 = "已婚带孩子" 4 = "已婚"	

5. 将由个人组成的样本按心理状况（受损、轻微症状、中等症状、好）与社会经济状况（由高到低用字母 A~E 表示）进行交叉分类，分类结果见表 18-13。

表 18-13　心理健康状况—社会经济状况数据

	A	B	C	D	E
受损	86	60	94	78	71
轻微症状	188	105	141	97	71
中等症状	112	65	77	54	54
好	121	57	72	36	21

6. 为了考察汉字具有的抽象图形符号的特性是否会促进儿童空间和思维能力，数据见 "ChMath. sav"。在研究读写汉字能力与数学关系的研究时，人们取得了 232 个美国亚裔学生的数学成绩和汉字读写能力的数据。请利用对应分析法进行分析。

时间序列分析

19.1　问题的提出

居民消费价格指数是反映与居民生活有关的消费品及服务价格水平变动情况的重要宏观经济指标，也是宏观经济分析与决策以及国民经济核算的重要指标。因此对居民消费价格指数进行分析和预测极为必要，可以帮助政府制定政策和计划、进行宏观调控。

19.2　数据采集

本案例选取中国 1978～2018 年居民消费价格指数 y，数据来源于《中国统计年鉴》（2019）。建立 SPSS 数据文件："居民消费价格指数. sav"。

19.3　模型拟合和结果分析

本案例运用 SPSS 软件对所选取的数据进行时间序列建模分析，操作步骤如下：

（1）打开 SPSS 数据文件"居民消费价格指数. sav"，选择数据→定义日期，弹出定义日期对话框（见图 19-1）。在"个案为："中选择年份，在"年："中输入 1978，点击确定按钮，SPSS 数据视图出现年份数据，如图 19-2 所示。

图 19-1　定义日期对话框

图 19-2　创建时间序列数据

（2）选择分析→预测→序列图，弹出序列图对话框（见图19-3），将居民消费价格指数选入变量框中，将年份选入时间轴标签中，点击确定按钮，输出居民消费价格指数时间序列图，如图19-4所示。

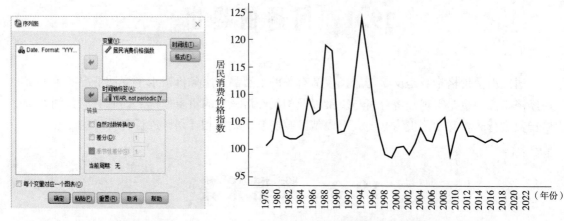

图 19-3　序列图对话框　　　　　　　　图 19-4　居民消费价格指数时间序列图

（3）通过居民消费价格指数时间序列图可知该序列为平稳的时间序列，因此不需要进行差分处理。

（4）点击分析→预测→自相关性，弹出自相关性对话框（见图19-5），将居民消费价格指数选入变量框中，在显示中将自相关性和偏自相关性选中，点击确定，输出居民消费价格指数的自相关性和偏自相关性图，如图19-6和图19-7所示。

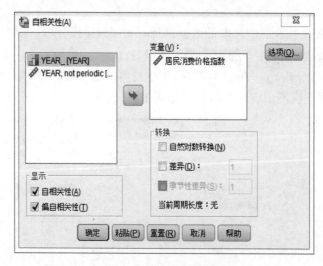

图 19-5　自相关性对话框

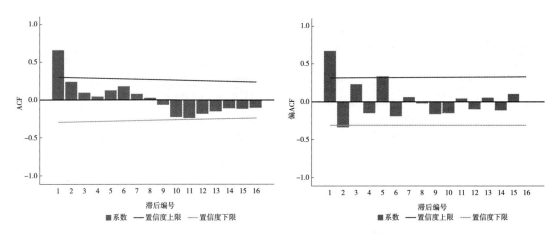

图 19-6　居民消费价格指数的自相关性图　　　　图 19-7　居民消费价格指数的偏自相关性图

（5）通过观察自相关性和偏自相关性图发现自相关性图是一阶截尾，而偏自相关性图是拖尾，所以决定拟合 MA（1）模型。选择分析→预测→创建模型，弹出时间序列建模器对话框（见图 19-8），将居民消费价格指数选入因变量框中，将年份选入自变量框中。

（6）在方法框中选择 ARIMA，点击条件，弹出时间序列建模器：ARIMA 条件子对话框（见图 19-9），自回归默认为 0，差值默认为 0，移动平均值选为 1，点击继续按钮。

图 19-8　时间序列建模器对话框

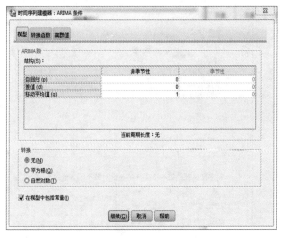

图 19-9　时间序列建模器：ARIMA 条件子对话框

（7）点击统计，选择的项目如图 19-10 所示。

（8）点击图，选择的项目如图 19-11 所示。

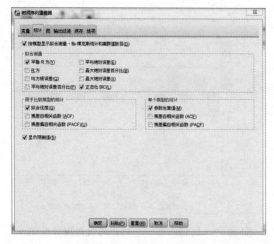

图 19-10　统计对话框

图 19-11　图对话框

（9）点击保存，选择的项目如图 19-12 所示，将预测值变量名前缀改为"f"，将导出模型文件命名为"yuce.xml"，点击确定按钮。

图 19-12　保存对话框

（10）表 19-1 表明最终确定的模型为 ARIMA（0，0，1），也就是 MA（1）。

表 19-1 模型描述

			模型类型
模型 ID	居民消费价格指数	模型_1	ARIMA（0，0，1）

（11）表 19-2 为模型的八个拟合优度指标的均值、标准误差、最小值、最大值以及百分位数。从 R^2 值来看，模型拟合良好，其中平稳的 R^2 为 0.555。

表 19-2 模型拟合度

拟合统计	平均值	标准误差	最小值	最大值	百分位数						
					5	10	25	50	75	90	95
平稳 R^2	0.555	0	0.555	0.555	0.555	0.555	0.555	0.555	0.555	0.555	0.555
R^2	0.555	0	0.555	0.555	0.555	0.555	0.555	0.555	0.555	0.555	0.555
RMSE	3.995	0	3.995	3.995	3.995	3.995	3.995	3.995	3.995	3.995	3.995
MAPE	2.702	0	2.702	2.702	2.702	2.702	2.702	2.702	2.702	2.702	2.702
MaxAPE	9.350	0	9.350	9.350	9.350	9.350	9.350	9.350	9.350	9.350	9.350
MAE	2.890	0	2.890	2.890	2.890	2.890	2.890	2.890	2.890	2.890	2.890
MaxAE	10.724	0	10.724	10.724	10.724	10.724	10.724	10.724	10.724	10.724	10.724
正态化 BIC	3.042	0	3.042	3.042	3.042	3.042	3.042	3.042	3.042	3.042	3.042

（12）表 19-3 给出了模型的参数估计，MA 的系数是-0.913，当显著性水平 α=0.05 时，P 值为 0.000，小于 0.05。

表 19-3 ARIMA 模型参数

					估算	标准误差	t	显著性
居民消费价格指数—模型_1	居民消费价格指数	不转换	常量		358.494	189.355	1.893	0.066
			MA	延迟 1	-0.913	0.105	-8.676	0.000
	YEAR，not periodic	不转换	分子	延迟 0	-0.127	0.095	-1.340	0.188

因此，序列建立的 MA（1）模型的表达式为：

$$y_t = 358.494 + \varepsilon_t - 0.913\varepsilon_{t-1} \tag{19-1}$$

19.4　主要结论

选择分析→预测→应用传统模型，弹出应用时间序列模型对话框（见图 19-13），在模型文件中选择已保存的"yuce.xml"文件，其他默认，点击确定按钮，时间序列的预测值自动保存到了变量视图中。图 19-14 是模型的预测序列和残差序列的截图，可知 2019 年、2020 年、2021 年、2022 年、2023 年的居民消费价格指数预测值为：103.54、102.05、101.92、101.79、101.67。对残差序列进行自相关检验，如表 19-4 所示，当显著性水平 $\alpha = 0.05$ 时，P 值均大于 0.05，可以认为残差为白噪声序列，模型诊断得以通过。

图 19-13　应用时间序列模型对话框　　　　图 19-14　时间序列预测值

表 19-4　残差自相关

延迟	自相关性	标准误差[a]	博克斯—杨统计		
			值	自由度	显著性[b]
1	0.183	0.151	1.480	1	0.224
2	0.104	0.149	1.968	2	0.374
3	0.001	0.147	1.968	3	0.579
4	-0.047	0.145	2.071	4	0.723
5	0.004	0.143	2.072	5	0.839
6	0.125	0.141	2.857	6	0.827
7	-0.086	0.139	3.244	7	0.862

延迟	自相关性	标准误差[a]	博克斯—杨统计		
			值	自由度	显著性[b]
8	−0.016	0.137	3.257	8	0.917
9	−0.073	0.135	3.552	9	0.938
10	−0.309	0.133	8.970	10	0.535
11	−0.142	0.130	10.162	11	0.516
12	−0.139	0.128	11.331	12	0.501
13	−0.123	0.126	12.290	13	0.504
14	−0.074	0.124	12.649	14	0.554
15	−0.129	0.121	13.770	15	0.543
16	−0.102	0.119	14.497	16	0.562

注：a. 假定的基本过程为独立性（白噪声）；b. 基于渐近卡方近似值。

图 19-15 给出了模型的预测和拟合情况，可以看出模型拟合较好。

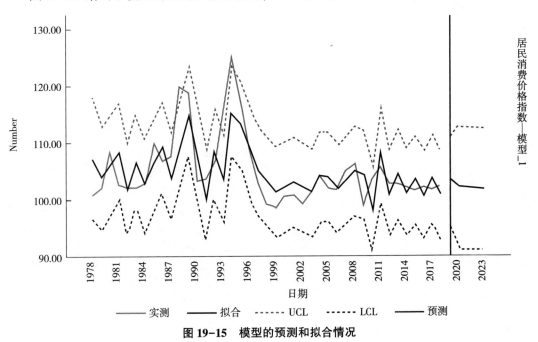

图 19-15　模型的预测和拟合情况

附　录
SPSS统计分析
软件案例分析

案例一
基于 SPSS 的研究生教育满意度调查分析

一、问题的提出

目前，在高等教育大众化的背景下，研究生教育质量受到广泛关注。近年来，研究生教育不断发展，我国硕士研究生招生规模迅速扩大，2012 年硕士生招生 517200 人，而 2003 年则只有 217799 人，十年间研究生扩招了 2.18 倍。目前，我国已成为世界上研究生教育规模最大的国家，研究生教学质量备受关注。在此背景下，中国的高等教育，尤其是研究生教育面临严峻挑战。研究生在校人数随着我国教育产业化及扩招的计划逐步递增，研究生教育质量"稀释"问题和研究生教育满意度也引起了高校的广泛关注。在就业形势不容乐观的形势下，研究生教育满意度对提高教育质量意义重大。

二、问卷

××大学研究生教育满意度调查问卷

1. 性别

A. 男　　B. 女

2. 年级

A. 研一　　B. 研二　　C. 研三

3. 您对您所就读的学校总体是否满意

A. 非常满意　　B. 比较满意　　C. 一般　　D. 不太满意　　E. 很不满意

4. 您对所学专业的课程结构（课程体系）是否满意

A. 非常满意　　B. 比较满意　　C. 一般　　D. 不太满意　　E. 很不满意

5. 研究生课程在以下哪方面的作用最大（限选 3 项）

A. 夯实知识基础　　B. 增加学习兴趣　　C. 了解学科前沿

D. 学习科研方法　　E. 提高创新能力　　F. 提升实验能力

---

6. 在以下哪几个方面导师对你的影响程度最大（限选 3 项）

A. 学术兴趣　B. 专业知识　C. 科研能力　D. 治学态度　E. 道德修养

7. 您对学校提供的科研条件及水平是否满意

A. 非常满意　B. 比较满意　C. 一般　D. 不太满意　E. 很不满意

8. 您对授课教师的讲课（教学）水平是否满意

A. 非常满意　B. 比较满意　C. 一般　D. 不太满意　E. 很不满意

9. 您对学校的学习生活环境是否满意

A. 非常满意　B. 比较满意　C. 一般　D. 不太满意　E. 很不满意

10. 您对学校的就业指导和学生的就业竞争力是否满意

A. 非常满意　B. 比较满意　C. 一般　D. 不太满意　E. 很不满意

11. 所花费的时间和学费，与学习的收获相比是值得的

A. 非常同意　B. 比较同意　C. 一般　D. 不太同意　E. 很不同意

12. 通过在校的学习，取得了令您满意的进步

A. 非常满意　B. 比较满意　C. 一般　D. 不太满意　E. 很不满意

三、建立数据文件

在变量视图中，依次输入问卷中的变量，其中，性别和年级为定性变量，计量尺度为定类变量，其余为定量变量，第 5 题和第 6 题为多选题（见附图 1-1）。

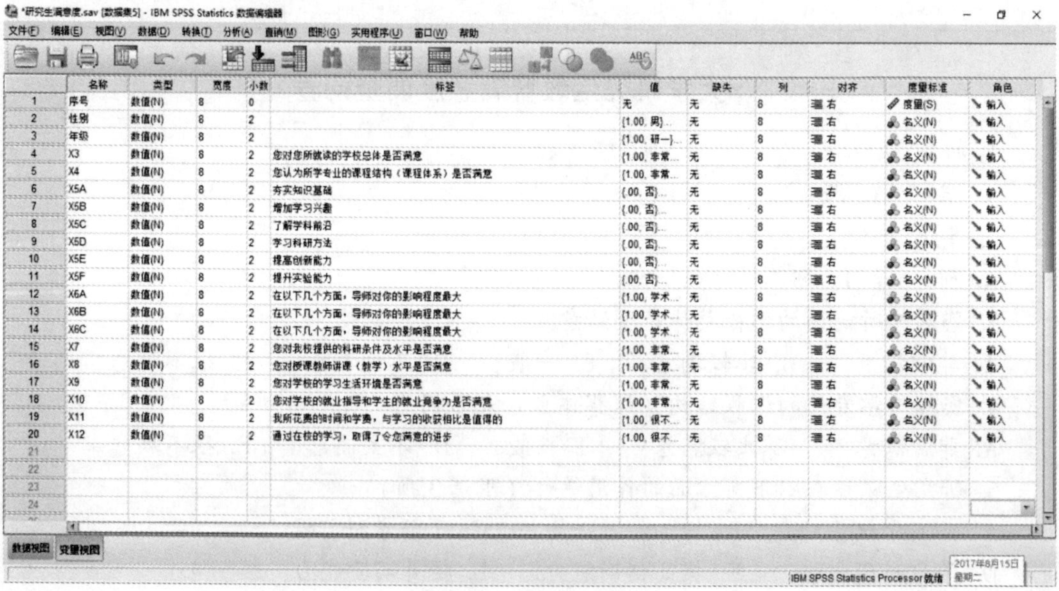

	名称	类型	宽度	小数	标签	值	缺失	列	对齐	度量标准	角色
1	序号	数值(N)	8	0		无	无	8	右	度量(S)	输入
2	性别	数值(N)	8	2		{1.00, 男}...	无	8	右	名义(N)	输入
3	年级	数值(N)	8	2		{1.00, 研一}...	无	8	右	名义(N)	输入
4	X3	数值(N)	8	2	您对您所就读的学校总体是否满意	{1.00, 非常...	无	8	右	名义(N)	输入
5	X4	数值(N)	8	2	您认为所学专业的课程结构（课程体系）是否满意	{1.00, 非常...	无	8	右	名义(N)	输入
6	X5A	数值(N)	8	2	夯实知识基础	{.00, 否}...	无	8	右	名义(N)	输入
7	X5B	数值(N)	8	2	增加学习兴趣	{.00, 否}...	无	8	右	名义(N)	输入
8	X5C	数值(N)	8	2	了解学科前沿	{.00, 否}...	无	8	右	名义(N)	输入
9	X5D	数值(N)	8	2	学习科研方法	{.00, 否}...	无	8	右	名义(N)	输入
10	X5E	数值(N)	8	2	提高创新能力	{.00, 否}...	无	8	右	名义(N)	输入
11	X5F	数值(N)	8	2	提升实验能力	{.00, 否}...	无	8	右	名义(N)	输入
12	X6A	数值(N)	8	2	在以下几个方面，导师对你的影响程度最大	{1.00, 学术...	无	8	右	名义(N)	输入
13	X6B	数值(N)	8	2	在以下几个方面，导师对你的影响程度最大	{1.00, 学术...	无	8	右	名义(N)	输入
14	X6C	数值(N)	8	2	在以下几个方面，导师对你的影响程度最大	{1.00, 学术...	无	8	右	名义(N)	输入
15	X7	数值(N)	8	2	您对我校提供的科研条件及水平是否满意	{1.00, 非常...	无	8	右	名义(N)	输入
16	X8	数值(N)	8	2	您对授课教师讲课（教学）水平是否满意	{1.00, 非常...	无	8	右	名义(N)	输入
17	X9	数值(N)	8	2	您对学校的学习生活环境是否满意	{1.00, 非常...	无	8	右	名义(N)	输入
18	X10	数值(N)	8	2	您对学校的就业指导和学生的就业竞争力是否满意	{1.00, 非常...	无	8	右	名义(N)	输入
19	X11	数值(N)	8	2	我所花费的时间和学费，与学习的收获相比是值得的	{1.00, 很不...	无	8	右	名义(N)	输入
20	X12	数值(N)	8	2	通过在校的学习，取得了令您满意的进步	{1.00, 很不...	无	8	右	名义(N)	输入
21											
22											
23											
24											

附图 1-1　变量视图

在数据视图中，依次输入数据（见附图 1-2）。

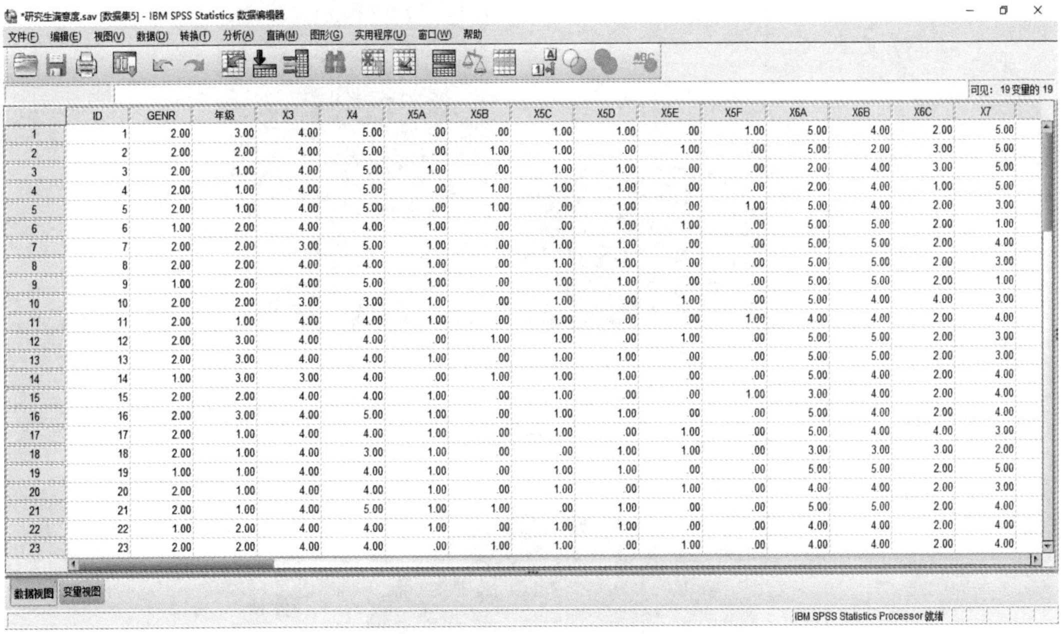

	ID	GENR	年级	X3	X4	X5A	X5B	X5C	X5D	X5E	X5F	X6A	X6B	X6C	X7
1	1	2.00	3.00	4.00	5.00	.00	.00	1.00	1.00	.00	1.00	5.00	4.00	2.00	5.00
2	2	2.00	2.00	4.00	5.00	.00	1.00	1.00	.00	1.00	.00	5.00	2.00	3.00	5.00
3	3	2.00	1.00	4.00	5.00	1.00	.00	1.00	1.00	.00	.00	2.00	4.00	3.00	5.00
4	4	2.00	1.00	4.00	5.00	.00	1.00	1.00	1.00	.00	.00	2.00	4.00	1.00	5.00
5	5	2.00	1.00	4.00	5.00	.00	1.00	.00	1.00	.00	1.00	5.00	4.00	2.00	3.00
6	6	1.00	2.00	4.00	4.00	1.00	.00	.00	1.00	1.00	.00	5.00	5.00	2.00	1.00
7	7	2.00	2.00	3.00	5.00	1.00	.00	1.00	1.00	.00	.00	5.00	5.00	2.00	4.00
8	8	2.00	2.00	4.00	4.00	1.00	.00	1.00	1.00	.00	.00	5.00	5.00	2.00	3.00
9	9	1.00	2.00	4.00	5.00	1.00	.00	1.00	1.00	.00	.00	5.00	5.00	2.00	1.00
10	10	2.00	2.00	3.00	3.00	1.00	.00	1.00	.00	1.00	.00	5.00	4.00	4.00	3.00
11	11	2.00	1.00	4.00	4.00	1.00	.00	1.00	.00	.00	1.00	4.00	4.00	2.00	4.00
12	12	2.00	3.00	4.00	4.00	.00	1.00	1.00	.00	1.00	.00	5.00	5.00	2.00	3.00
13	13	2.00	3.00	4.00	4.00	1.00	.00	1.00	1.00	.00	.00	5.00	5.00	2.00	3.00
14	14	1.00	3.00	3.00	4.00	.00	1.00	1.00	1.00	.00	.00	5.00	4.00	2.00	4.00
15	15	2.00	2.00	4.00	4.00	1.00	.00	1.00	.00	.00	1.00	3.00	4.00	2.00	4.00
16	16	2.00	3.00	4.00	5.00	1.00	.00	1.00	1.00	.00	.00	5.00	4.00	2.00	4.00
17	17	2.00	1.00	4.00	4.00	1.00	.00	1.00	.00	1.00	.00	5.00	4.00	4.00	3.00
18	18	2.00	1.00	4.00	3.00	1.00	.00	.00	1.00	1.00	.00	3.00	3.00	3.00	2.00
19	19	1.00	1.00	4.00	4.00	1.00	.00	1.00	1.00	.00	.00	5.00	5.00	2.00	5.00
20	20	2.00	1.00	4.00	4.00	1.00	.00	1.00	.00	1.00	.00	4.00	4.00	2.00	3.00
21	21	2.00	1.00	4.00	5.00	1.00	1.00	.00	1.00	.00	.00	5.00	5.00	2.00	4.00
22	22	1.00	2.00	4.00	4.00	1.00	.00	1.00	1.00	.00	.00	4.00	4.00	2.00	4.00
23	23	2.00	2.00	4.00	4.00	.00	1.00	1.00	.00	1.00	.00	4.00	4.00	2.00	4.00

附图 1-2 数据视图

四、调查结果分析

1. 描述统计分析

定性变量的频数分析、条图、直方图或饼图；定量变量的均值、最值、标准差、变异系数等。

（1）图形显示。选择图形→旧对话框→条形图，选择简单条形图，图表中的数据为个案组摘要，点击定义；在生成的新对话框中，条的表征选择个案数，类别轴选择性别，点击确定，在数据输出窗口中输出的图形如附图 1-3 所示。

如附图 1-3 所示，在所调查的学生中，女生占比大于 2/3。

点击图形→旧对话框→饼图，图表中的数据为个案组摘要，点击定义；在生成的新对话框中，分区的表征选择个案的%，定义分区选择年级，点击确定，在数据输出窗口中输出的图形如附图 1-4 所示。

如附图 1-4 所示，研一学生占总人数的 43.86%，研二学生占 35.09%，剩下的 21.05%为研三学生。

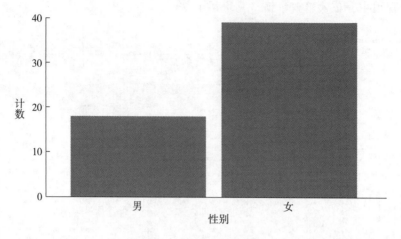

附图 1-3 性别的条形图

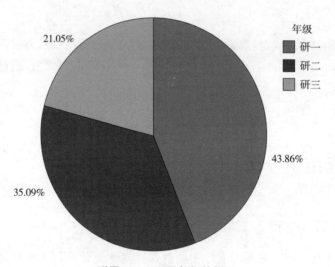

附图 1-4 不同年级的饼图

（2）描述性统计分析。点击分析菜单→描述统计→频率，将变量 X3 选入变量列表框，右边统计量选择如下：

在 SPSS 26 软件中，开始进行描述性统计分析，具体程序如下：

点击分析→描述统计→频率，进入频率分析对话框。

①将变量 X_3 选入变量列表框。

②点击对话框右侧"统计"选项，"集中趋势"下勾选"均值""中位数""众数"；"离散"下勾选"标准差""最小值""最大值"；"百分位值"下勾选"四分位数"，点击"继续"按钮。

③点击主对话框"确定"按钮，运行描述性统计分析程序。

输出结果见附表 1-1。

附表 1-1　统计量

个案数	有效	57
	缺失	0
平均值		3.7193
中位数		4.0000
众数		4.00
标准偏差		0.67492
最小值		1.00
最大值		5.00
百分位数	25	3.0000
	50	4.0000
	75	4.0000

根据附表 1-1，均值为 3.7，中位数为 4，众数也是 4，最小值为 1，最大值为 5，标准差为 0.67。

根据李克特量表，满意度取值为 1~5，根据附表 1-1，平均满意度为 3.7193，将平均满意度换算为百分制，公式为：$MYD\_mean = 20 \times 3.7193 = 74.39$。

根据附表 1-2，比较满意的学生占大多数，占比达 61.4%，仅有 1 人非常不满意，占比仅为 1.8%。

附表 1-2　满意度百分比

		频率	百分比	有效百分比	累积百分比
有效	非常不满意	1	1.8	1.8	1.8
	一般	17	29.8	29.8	31.6
	比较满意	35	61.4	61.4	93.0
	非常满意	4	7.0	7.0	100.0
	总计	57	100.0	100.0	

当然，我们还可以根据实际情况选择"描述"和"探索"进行描述性统计分析，如制作茎叶图需要选择"探索"中的"绘制"选项。

根据附表 1-2，对学校的总体满意度中，有 1 名学生非常不满意，我们可以通过数据菜单中的选择个案进行筛选。具体操作过程为：点击菜单→选择个案，选中"如果条件满足"，点击如果，在跳出的对话框中输入 X3＝1，在数据视图中，软件会将不符合条件的画斜线，由此可知，非常不满意的学生是 1 名研三女生。

问卷中，我们还可以生成新变量，研究生的教育满意度表现为教学、科研、外部环境和就业四个方面，将上述四个指标对应的变量取平均值可得综合满意度，操作步骤如下：

点击转换菜单→计算新变量，在对话框中，目标变量输入综合满意度，数字表达式中输入（X7 + X8 + X9 + X10）/4，点击确定，生成新变量。如果想筛选研三女生的综合满意度，则需要在计算变量对话框左下角点击如果，在生成的新对话框中选择"如果在个案满足条件时包括"，输入条件"年级 = 3 & 性别 = 2"，点击继续，则软件只计算研三女生的综合满意度。

根据变量综合满意度计算百分制的新变量MYD，计算公式为：MYD = 20*综合满意度，选择图形菜单→旧对话框→直方图，也可在探索或频率中绘制直方图，直方图如附图1-5所示。

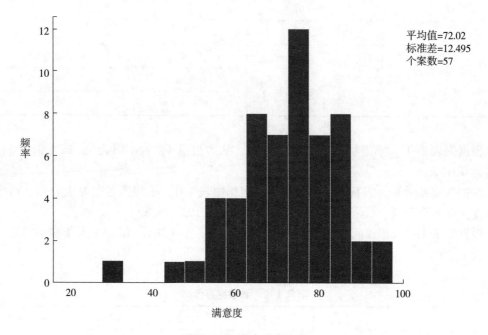

平均值=72.02
标准差=12.495
个案数=57

附图1-5　满意度直方图

很明显，数据近似呈正态分布，选择"非常不满意"和"非常满意"的人数较少，大部分学生选择了"比较满意"，可用P-P图或Q-Q图进行正态性检验。

同样，我们也可以将综合满意度重新编码为不同变量，具体操作为：

第一步：选择菜单转换（Transform）→重新编码为不同变量（Recode into Different Variables）。

第二步：选择综合满意度变量到数字变量->输出变量（Numeric Variable->Output）框中。

第三步：在输出变量（Output Variable）框中的名称（Name）后输入变量名等级，并按更改（Change）按钮确认，也可以在标签（Label）后输入相应的变量名标签。

第四步：按旧值和新值（Old and New Variable）按钮进行分组区间定义。逐个定义各分组区间，在新值中，选中"输出变量为字符串"，宽度10，点击继续，再点击确定即可。

综合满意度值低于1（Lowest thru 1）代表非常不满意；值在1~2之间（1 thru 2）代表比较不满意；值在2~3之间（2 thru 3）代表一般；值在3~4之间（3 thru 4）代表比较满意；高于4（4 thru Highest）代表非常满意。

2. 定性变量之间关系分析

列联分析、卡方检验。

综合满意度取的是研究生对教学、科研、环境、就业四个方面的平均满意度，理论上应该和变量 X3 高度相关，现将两者相关性进行验证。

（1）等级相关分析。由于两个变量均是用等级表示，对变量 X3 与综合满意度进行相关分析时用 Spearman 或 Kendal 相关。

SPSS 26 软件中的具体程序如下：

点击分析→相关→双变量，进入双变量分析对话框。

①将 X_3、综合满意度选入变量列表框。

②"相关系数"下勾选"皮尔逊（N）""肯德尔 tau-b（K）""斯皮尔曼（S）"。

③"显著性检验"下勾选"双尾"检验。

④点击"确定"按钮，运行双变量相关分析程序。

由附表 1-3 可知，Kendall 相关系数为 0.772，两者呈显著相关，Spearman 相关系数是 0.863，两者高度相关。

附表 1-3　相关系数

			您对您所就读的学校总体是否满意	综合满意度
肯德尔 tau_b	您对您所就读的学校总体是否满意	相关系数	1.000	0.772 **
		Sig.（双尾）	0.000	0.000
		N	57	57
	综合满意度	相关系数	0.772 **	1.000
		Sig.（双尾）	0.000	0.000
		N	57	57
斯皮尔曼 Rho	您对您所就读的学校总体是否满意	相关系数	1.000	0.863 **
		Sig.（双尾）	0.000	0.000
		N	57	57
	综合满意度	相关系数	0.863 **	1.000
		Sig.（双尾）	0.000	0.000
		N	57	57

注：** 表示在 0.01 级别（双尾）相关性显著。

（2）列联分析与卡方检验。选择菜单栏中的分析菜单→描述统计→交叉表，弹出交叉表对话框，分析过程如下：

SPSS 26 软件中列联分析与卡方检验具体程序如下：

点击分析→描述统计→交叉表，进入交叉表对话框。

①将"年级"选入行变量列表框，将"X_{12}"选入列变量列表框。

②点击右侧"统计"，进入统计子对话框，勾选"卡方"项，点击"继续"按钮。

③点击右侧"单元格"，进入单元格子对话框，"计数"下勾选"实测"；"百分比"下勾选"行""列""总计"，点击"继续"按钮。

④勾选主对话框中"显示簇状条形图"。

⑤点击"确定"按钮，运行程序。

基本统计信息如附表1-4所示。

附表1-4　案例处理摘要

	个案					
	有效		缺失		总计	
	N	百分比	N	百分比	N	百分比
年级 * 通过在校的学习，取得了令您满意的进步	57	100%	0	0	57	100%

附表1-5为年级与取得的进步是否满意的列联表分析。

由列联分析可知，行百分比中，不同年级学生对于"通过在校的学习，取得了令您满意的进步"的问题的回答，在年级上存在显著差异。研一的学生中分别有40%和44%的学生对取得的进步"比较不满意"和"一般"；研二的学生中，对取得的进步比较满意的占45%，非常满意的占一半；研三学生中占比最大的是比较满意。

列百分比中，满意度为"一般"的学生中，73.3%的学生来自研一，满意度为"比较满意"和"非常满意"的学生中，分别有56.3%和71.4%的学生来自研二，满意度为"非常不满意"和"比较不满意"的学生均来自研一。

总计百分比中，研一的学生认为"一般"的占总学生比重的19.3%，研二的学生认为"非常满意"的占全部学生比重的17.5%，研三的学生认为"比较满意"的占全部学生比重的8.8%。"比较满意"的学生占总学生比重最高，为28.1%。

附表1-6为年级与取得的进步是否满意的独立性检验。

由附表1-6可知，Pearson卡方值为39.998，概率P=0.000，似然比卡方值为51.543，概率P=0.000，在0.05显著性水平下拒绝H_0，说明该校不同年级学生对取得进步的满意度有差异。

附图1-6为不同年级的复式条形图。

由附图1-6可知，大部分研一同学对取得的进步满意度为一般，大部分研二和研三同学对取得的进步满意。

附表 1-5　满意度交叉制表

| | | | 通过在校的学习，取得了令您满意的进步 | | | | | 总计 |
			非常不满意	比较不满意	一般	比较满意	非常满意	
年级	研一	计数	2	10	11	2	0	25
		占　年级　的百分比	8.0%	40.0%	44.0%	8.0%	0	100%
		占　通过在校的学习，取得了令您满意的进步　的百分比	100%	100%	73.3%	12.5%	0	43.9%
		占总计的百分比	3.5%	17.5%	19.3%	3.5%	0	43.9%
	研二	计数	0	0	1	9	10	20
		占　年级　的百分比	0	0	5.0%	45.0%	50.0%	100%
		占　通过在校的学习，取得了令您满意的进步　的百分比	0	0	6.7%	56.3%	71.4%	35.1%
		占总计的百分比	0	0	1.8%	15.8%	17.5%	35.1%
	研三	计数	0	0	3	5	4	12
		占　年级　的百分比	0	0	25.0%	41.7%	33.3%	100%
		占　通过在校的学习，取得了令您满意的进步　的百分比	0	0	20.0%	31.3%	28.6%	21.1%
		占总计的百分比	0	0	5.3%	8.8%	7.0%	21.1%
总计		计数	2	10	15	16	14	57
		占　年级　的百分比	3.5%	17.5%	26.3%	28.1%	24.6%	100%
		占　通过在校的学习，取得了令您满意的进步　的百分比	100%	100%	100%	100%	100%	100%
		占总计的百分比	3.5%	17.5%	26.3%	28.1%	24.6%	100%

附表 1-6　年级与取得的进步是否满意的卡方检验

	值	自由度	渐进显著性（双侧）
皮尔逊卡方	39.998[a]	8	0.000
似然比	51.543	8	0.000
线性关联	22.480	1	0.000
有效个案数	57		

注：a. 10 个单元格（66.7%）的期望计数小于 5；最小期望计数为 0.42。

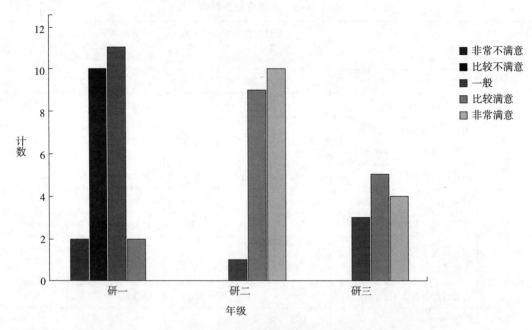

附图1-6　不同年级的复式条形图

（3）多选项分析。

第一，多选项二分法多重响应分析。选择菜单栏中的分析菜单→多重响应→定义变量集，弹出定义变量集对话框。

①将 X5A～X5F 选入集合中的变量列表框。

②名称框填入"课程"。

③点击右侧"添加"按钮，添加到"多重响应集"。

④点击"关闭"按钮。

第二，选择菜单栏中的分析菜单→多重响应→频率，弹框内可看见已经建好的项集，点击确定，分析过程如下：

第三，选择菜单栏中的分析菜单→多重响应→交叉表，具体程序如下：

①将"年级"选入行变量列表框，"课程响应集"选入列变量列表框，层变量列表框，最小值为1，最大值为3。

②单元格子对话框，"百分比"下勾选"行""列""总计"。

③"百分比基于"下勾选"个案"，点击"继续"按钮。

④点击"确定"按钮，运行程序。

如附表1-7所示，在"研究生课程在以下哪方面的作用最大"一题中，大家认为夯实知识基础、了解学科前沿、学习科研方法最重要。

由列联分析可知（见附表1-8），在年级与"研究生课程在以下哪方面的作用最大"的交叉列联表中，行百分比中，研二的学生中有85%的学生认为夯实知识基础作用最大；列百分比中，选择了解学科前沿的研一学生占80%；总计百分比中，研二的学生选夯实知识基础选项占总学生比重的29.8%；8.8%的学生选择了提升实验能力。

附表 1-7　课程作用频率统计

		响应		个案百分比
		个案数	百分比	
课程[a]	夯实知识基础	44	25.6%	77.2%
	增加学习兴趣	29	16.9%	50.9%
	了解学科前沿	43	25.0%	75.4%
	学习科研方法	37	21.5%	64.9%
	提高创新能力	14	8.1%	24.6%
	提升实验能力	5	2.9%	8.8%
总计		172	100%	301.8%

注：a. 使用了值 1 对二分组进行制表。

附表 1-8　课程作用交叉制表

			课程[a]						总计
			夯实知识基础	增加学习兴趣	了解学科前沿	学习科研方法	提高创新能力	提升实验能力	
年级	研一	计数	18	13	20	17	5	3	25
		占　年级　的百分比	72.0%	52.0%	80.0%	68.0%	20.0%	12.0%	
		占　课程　的百分比	40.9%	44.8%	46.5%	45.9%	35.7%	60.0%	
		占总计的百分比	31.6%	22.8%	35.1%	29.8%	8.8%	5.3%	43.9%
	研二	计数	17	9	13	12	8	1	20
		占　年级　的百分比	85.0%	45.0%	65.0%	60.0%	40.0%	5.0%	
		占　课程　的百分比	38.6%	31.0%	30.2%	32.4%	57.1%	20.0%	
		占总计的百分比	29.8%	15.8%	22.8%	21.1%	14.0%	1.8%	35.1%
	研三	计数	9	7	10	8	1	1	12
		占　年级　的百分比	75.0%	58.3%	83.3%	66.7%	8.3%	8.3%	
		占　课程　的百分比	20.5%	24.1%	23.3%	21.6%	7.1%	20.0%	
		占总计的百分比	15.8%	12.3%	17.5%	14.0%	1.8%	1.8%	21.1%
总计		计数	44	29	43	37	14	5	57
		占总计的百分比	77.2%	50.9%	75.4%	64.9%	24.6%	8.8%	100%

注：百分比和总计基于响应者；a. 使用了值 1 对二分组进行制表。

由附表 1-9 可知，导师对学生的影响程度最大的是专业知识、治学态度和学术兴趣，三者占比超过 20%。

附表1-9　导师对学生影响程度频率

		响应		个案百分比
		个案数	百分比	
导师[a]	学术兴趣	38	22.2%	66.7%
	专业知识	42	24.6%	73.7%
	科研能力	30	17.5%	52.6%
	治学态度	41	24.0%	71.9%
	道德修养	20	11.7%	35.1%
总计		171	100%	300%

注：a. 组。

由列联分析可知（见附表1-10），在性别与"导师对学生影响最大"的交叉列联表中，行百分比中，39.0%的男生认为导师的治学态度对学生影响最大；69.0%的女生认为导师的专业知识对学生影响最大；认为导师道德修养对学生影响最大的男生占总人数的8.8%；73.7%的学生认为导师的专业知识对学生影响最大。

附表1-10　性别与导师对学生影响程度的交叉制表

			导师[a]					总计
			学术兴趣	专业知识	科研能力	治学态度	道德修养	
性别	男	计数	12	13	8	16	5	18
		性别　内的 %	66.7%	72.2%	44.4%	88.9%	27.8%	
		导师　内的 %	31.6%	31.0%	26.7%	39.0%	25.0%	
		总计的 %	21.1%	22.8%	14.0%	28.1%	8.8%	31.6%
	女	计数	26	29	22	25	15	39
		性别　内的 %	66.7%	74.4%	56.4%	64.1%	38.5%	
		导师　内的 %	68.4%	69.0%	73.3%	61.0%	75.0%	
		总计的 %	45.6%	50.9%	38.6%	43.9%	26.3%	68.4%
总计		计数	38	42	30	41	20	57
		总计的 %	66.7%	73.7%	52.6%	71.9%	35.1%	100%

注：百分比和总计以响应者为基础；a. 组。

3. 定性与定量变量之间关系分析

（1）单样本 t 检验。假定全国高等院校平均满意度为 4，即比较满意，现检验研究生对所就读的学校总体满意度是否等于全国平均水平，即进行如下假设检验：

$H_0: \mu = 4$

$H_1: \mu \neq 4$

选择菜单栏中的分析菜单→比较均值→单样本 t 检验，弹出单样本 t 检验对话框，将 X_3 选入检验变量列表框，检验值设为 4，点击确定运行程序。

如附表 1-11 所示，该校研究生的平均满意度为 3.7，即介于一般与比较满意之间。

附表 1-11　单个样本统计

	个案数	平均值	标准偏差	标准误差平均值
您对您所就读的学校总体是否满意	57	3.7193	0.67492	0.08940

如附表 1-12 所示，双侧检验 P 值 0.003，小于显著性水平 0.05，因此，拒绝原假设，认为该高校研究生的满意度与全国平均水平存在差异，即该校研究生的总体满意度略低于全国平均水平。

附表 1-12　单样本检验

	检验值 = 4					
	t	自由度	Sig.（双尾）	平均值差值	差值 95% 置信区间	
					下限	上限
您对您所就读的学校总体是否满意	−3.140	56	0.003	−0.28070	−0.4598	−0.1016

（2）两独立样本 t 检验。选择菜单栏中的分析菜单→比较均值→独立样本 t 检验，弹出独立样本 t 检验对话框，将变量 X3 选入检验变量列表框，将"性别"选入分组变量列表框，定义组中，组 1 值设为 1，组 2 值设为 2，运行程序。

不同性别的学生组成的两组样本可以看作是相互独立的，现比较不同性别的学生平均满意度是否相同，用两独立样本 t 检验的方法进行检验，建立的假设检验如下：

H_0：男生与女生对研究生教育满意程度相同。

H_1：男生与女生对研究生教育满意程度不同。

由附表 1-13 可知，男生的满意度略低于女生。

附表 1-13　基本统计信息汇总

	性别	个案数	平均值	标准偏差	标准误差平均值
您对您所就读的学校总体是否满意	男	18	3.6667	0.59409	0.14003
	女	39	3.7436	0.71517	0.11452

由附表 1-14 可知，F 统计量值为 0.001，对应的 P 值为 0.977，系统默认的显著性水平为 0.05，P 值大于显著性水平 0.05，说明两总体的方差无显著性差异。

附表 1-14　独立样本检验

		莱文方差等同性检验		平均值等同性 t 检验						
		F	显著性	t	自由度	Sig.（双尾）	平均值差值	标准误差差值	差值 95% 置信区间	
									下限	上限
您对您所就读的学校总体是否满意	假定等方差	0.977	-0.397	55	0.693	-0.07692	0.19378	-0.46527	0.31142	0.31142
	不假定等方差			-0.425	39.450	0.673	-0.07692	0.18089	-0.44268	0.28884	0.28884

同时，t 统计量值为 -0.397，对应的双侧检验的 P 值为 0.693，大于显著性水平 0.05，因此认为男女生的平均满意度不存在显著差异。

（3）方差分析。选择菜单栏中的分析菜单→比较均值→单因素 ANOVA，弹出单因素方差分析对话框，将 X8 选入因变量列表框，在选项子对话框，"统计"下勾选"描述性""方差同质性检验"，勾选"平均值图"，点击继续回到主对话框，点击确定运行程序。

由附表 1-15 可知，关于教师教学水平满意度方面，研一的平均满意度水平最高，标准差最小，同学们对教师授课水平的平均满意度介于一般和比较满意之间。

附表 1-15　描述性统计量

	个案数	平均值	标准偏差	标准错误	平均值的 95% 置信区间		最小值	最大值
					下限	上限		
研一	25	3.9200	1.18743	0.23749	3.4299	4.4101	1.00	5.00
研二	20	3.1500	1.42441	0.31851	2.4834	3.8166	1.00	5.00
研三	12	3.2500	1.54479	0.44594	2.2685	4.2315	1.00	5.00
总计	57	3.5088	1.37740	0.18244	3.1433	3.8742	1.00	5.00

附表 1-16 是方差齐性检验，Levene 统计量为 2.456，由于 P 值为 0.095，大于显著性水平 0.05，因此，不同年级满意度的方差是相同的，满足方差分析的前提条件。

附表 1-16　方差齐性检验

		莱文统计	自由度 1	自由度 2	显著性
您对授课教师讲课（教学）水平是否满意	基于平均值	2.456	2	54	0.095
	基于中位数	1.343	2	54	0.270
	基于中位数并具有调整后自由度	1.343	2	46.090	0.271
	基于剪除后平均值	2.636	2	54	0.081

由附表 1-17 可知，总的离差平方和为 106.246，组间的离差平方和为 7.606，组内的离差平方和为 98.640，相除得到的 F 统计量为 2.082，由于 P 值为 0.135，大于显著性水平 0.05，因此不拒绝原假设，认为不同年级的满意程度没有显著性差异。

附表 1-17　ANOVA

	平方和	自由度	均方	F	显著性
组间	7.606	2	3.803	2.082	0.135
组内	98.640	54	1.827		
总计	106.246	56			

多重比较可以分析两两均值之间的差异性，如若不同年级之间对教师教学的满意度存在差异，可以进行多重比较，在单因素方差分析对话框中单击"两两比较"选中 LSD 即可。

由附图 1-7 可知，研一学生对教师教学平均满意度最高，研二学生对教师教学平均满意度最低。

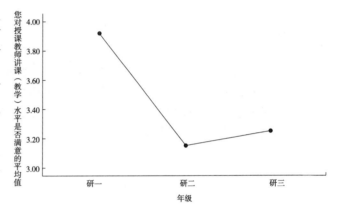

附图 1-7　学生对教师平均满意度均值图

五、主要结论

1. 描述性统计分析

本次问卷调查发放 70 份问卷，最后共回收问卷 60 份，有效问卷 57 份，有效率为 95%。有效样本来自研一至研三研究生，学制三年，均属于全日制。在有效问卷中，男生占 31.58%，女生占 68.42%。研一学生占总人数的 43.86%，研二学生占 35.09%，研三学生占 21.05%。

研究生对研究生教育的总体满意度得分为 74.39，比较满意的学生占大多数，占比达 61.4%。

2. 相关分析、列联分析和卡方检验

前边通过计算新变量，生成综合满意度变量，综合满意度是研究生对教学、科研、环境、就业四个方面的平均满意度，通过 Spearman 等级相关系数，可以看出综合满意度和总体满意度两个变量呈高度相关。

对年级与"通过在校的学习，取得了令您满意的进步"进行列联分析可得，研一学生

对取得的进步满意度最低；研二学生对取得的进步满意度最高。总体来说，研究生对在校学习取得的进步还是满意的，不满意占比仅为 3.5%。

通过卡方检验，也可以认为该校不同年级学生对取得进步的满意度有差异。

在多选项分析中，分别用二分法和分类法对课程作用和导师影响进行分析。研究生普遍认为研究生课程在夯实知识基础、了解学科前沿、学习科研方法三方面最重要。研一和研三超过 80% 的学生认为研究生课程在了解学科前沿方面最重要，而研二超过 80% 的学生认为研究生课程在夯实知识基础方面最重要。

导师的专业知识、治学态度和学术兴趣对学生的影响程度最大。男生认为导师的治学态度对学生影响最大，而女生认为导师的专业知识对学生的影响最大。

3. 假设检验和方差分析

对总体满意度进行假设检验，得出的结论为：该高校研究生的满意度与全国平均水平存在差异，即该校研究生的总体满意度略低于全国平均水平。

为了比较不同性别的学生平均满意度是否相同，首先进行方差齐性检验，得出的结论为方差相等，通过检验得出男女生的平均满意度不存在显著差异。

对不同年级学生对授课教师讲课（教学）水平是否满意进行单因素方差分析可得，不同年级的满意程度不存在显著性差异。

案例二
基于 SPSS 软件对少年儿童肺活量影响因素的分析

一、问题的提出

正所谓少年强则中国强，少年儿童体魄的发展一直以来是社会关注的问题。肺活量是评价少年儿童体能发展的指标之一，《国家学生体质健康标准》要求，肺活量是小学五年级、六年级及初中、高中、大学各年级学生的必测项目。肺活量是指在不限时间的情况下，一次最大吸气后再尽最大能力所呼出的气体量，这代表肺一次最大的机能活动量，是反映人体生长发育水平的重要机能指标之一。找到少年儿童肺活量的影响因素就能够有针对性地帮助少年儿童增减肺活量，强健体魄。

二、数据采集

本案例调查并选取了某地 200 名小学生的身高、体重、肺活量及每周运动天数的数据，建立 SPSS 数据文件"lung. sav"。

三、模型拟合和结果分析

本案例运用 SPSS 软件对 SPSS 数据文件"lung. sav"采用二元 logistics 进行回归分析，操作步骤如下：

（1）打开 SPSS 数据文件"lung. sav"，选择分析→回归→二元 Logistic 回归，弹出 Logistic 回归对话框。

（2）将变量"肺活量"选入因变量框中，将"身高""体重""每周运动天数"选入协变量框中，方法默认为"进入"（见附图 2-1），单击"确定"，输出结果。

附图 2-1 Logistic 回归对话框

（3）附表 2-1 为数据的基本信息，有 200 个样本数据被选择进行分析，没有缺失值。

附表 2-1 案例处理汇总

未加权的案例[a]		N	百分比
选定案例	包括在分析中	200	100
	缺失案例	0	0
	总计	200	100
未选定的案例		0	0
总计		200	100

注：a. 如果权重有效，请参见分类表以获得案例总数。

（4）附表 2-2 是因变量编码，表明因变量肺活量<2000 取值为 "0"，肺活量≥2000 取值为 "1"。

附表 2-2 因变量编码

初始值	内部值
<2000	0
≥2000	1

（5）之后开始进行模型拟合，首先输出的是不含任何自变量的模型，只有常数项。附表 2-3 是预测分类结果，当模型不包含任何自变量时，所有样本数据皆被预测为肺活量≥2000，总的预测准确率为 72.5%。

附表 2-3 分类表[a,b]

已观测			已预测		
			肺活量		百分比校正
			<2000	≥2000	
步骤 0	肺活量	<2000	0	55	0
		≥2000	0	145	100.0
	总计百分比				72.5

注：a. 模型中包括常量；b. 切割值为 0.500。

（6）附表 2-4 输出的是模型中参数的检验结果，因为输出的是不含任何自变量的模型，因此只含有常数项，系数为 0.969，P 值为 0.000。

附表 2-4　方程中的变量

		B	S. E	Wals	df	Sig.	Exp（B）
步骤 0	常量	0.969	0.158	37.472	1	0.000	2.636

（7）附表 2-5 为如果将"身高""体重""每周运动天数"作为自变量引入模型，则整个模型的拟合优度改变是否具有统计学意义。附表 2-5 显示，若将"身高""体重""每周运动天数"引入模型，则模型有统计学意义。

附表 2-5　不在方程中的变量

			得分	df	Sig.
步骤 0	变量	身高	52.495	1	0.000
		体重	37.642	1	0.000
		每周运动天数	67.251	1	0.000
	总统计量		95.903	3	0.000

（8）附表 2-6 输出的是模型参数检验值，由于本案例选择了默认的"进入"法，因此"步骤""块""模型"的 χ^2 值相同，P 值也相同，显著性水平 $\alpha=0.05$ 时，拒绝无效假设，模型显著。

附表 2-6　模型系数的综合检验

		卡方	df	Sig.
步骤 1	步骤	127.900	3	0.000
	块	127.900	3	0.000
	模型	127.900	3	0.000

（9）附表 2-7 输出的是模型情况简报，Cox & Snell R^2 和 Nagelkerke R^2 的值分别为 0.472 和 0.683，表明模型拟合尚可。

附表 2-7　模型汇总

步骤	-2 对数似然值	Cox & Snell R^2	Nagelkerke R^2
1	107.368[a]	0.472	0.683

注：a. 因为参数估计的更改范围小于 0.001，所以估计在迭代次数 8 处终止。

（10）附表 2-8 为模型对因变量肺活量的分类预测情况，可以看出，预测准确率由之前未引入新变量时的 72.5%（见附表 2-3）上升到 89.5%，说明新变量的引入改善了模型的预测效果。

附表 2-8　分类预测情况[a]

已观测			已预测		
			肺活量		百分比校正
			<2000	≥2000	
步骤 1	肺活量	<2000	41	14	74.5
		≥2000	7	138	95.2
	总计百分比				89.5

注：a. 切割值为 0.500。

（11）附表 2-9 显示自变量"身高""体重""每周运动天数"均通过了检验，当显著性水平 α = 0.05 时，P 值分别为 0.000、0.008 和 0.000。系数分别为 0.365、0.141、4.782，指数比分别为 1.441、1.151、119.356，可见每周运动天数对肺活量的影响最大。

附表 2-9　方程中的变量

		B	S. E	Wals	df	Sig.	Exp（B）
步骤 1[a]	身高	0.365	0.093	15.484	1	0.000	1.441
	体重	0.141	0.053	7.064	1	0.008	1.151
	每周运动天数	4.782	0.924	26.806	1	0.000	119.356
	常量	-62.068	14.497	18.330	1	0.000	0.000

注：a. 在步骤 1 中输入变量：身高、体重、每周运动天数。

剔除掉不显著的常数项，设身高为 x_1，体重为 x_2，每周运动天数为 x_3，最终的二元 logistics 模型为：

$$P = \frac{1}{1 + e^{0.365x_1 + 0.141x_2 + 4.782x_3}}$$

四、主要结论

通过二元 logistics 回归分析可知，影响肺活量的主要因素是每周运动的天数，两者成正比的关系，因此，少年儿童应该加强体育锻炼才能改善肺活量，从而强健体魄。

案例三
基于 SPSS 软件对饮料口味受众群体的分析

一、问题的提出

某饮料生产厂家新研制出三种口味的饮料，在投放市场以前对潜在客户进行了调查，并对潜在客户按年龄划分为成人和儿童，按性别划分为男性和女性。希望得知三种口味的饮料的受众群体。

二、数据采集

本案例对 500 个潜在客户进行了问卷调查，其中有效问卷 474 份，对有效问卷进行了录入，形成 SPSS 文件"kw. sav"。其中，饮料的口味用 y 表示，性别和年龄分别用 x1、x2 表示。

三、模型拟合和结果分析

本案例运用 SPSS 软件对所录入的问卷数据采用多项 logistics 回归进行分析。

操作步骤如下：

（1）打开数据文件"kw. sav"，选择分析→回归→多项 Logistic 回归，弹出多项 Logistic 回归对话框。

（2）将变量 y 选入因变量框中，将 x1、x2 选入因子框中，其他默认（见附图 3-1），单击"确定"，输出结果。

（3）附表 3-1 为数据的基本信息，有 474 个样本数据被选择进行分析，没有缺失值。

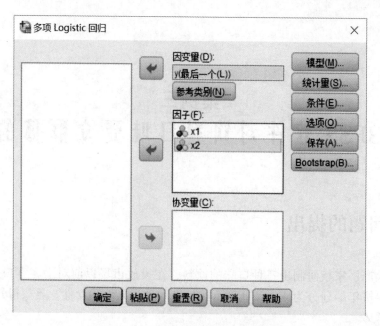

附图 3-1　多项 Logistic 回归对话框

附表 3-1　案例处理摘要

			N	边际百分比
		口味 1	363	76.6%
y		口味 2	27	5.7%
		口味 3	84	17.7%
x1		男	104	21.9%
		女	370	78.1%
x2		儿童	248	52.3%
		成人	226	47.7%
有效			474	100%
缺失			0	
总计			474	
子总体			4	

（4）附表 3-2 为模型的似然比检验结果，结果表明似然比的 $\chi^2 = 86.106$，当显著性水平 $\alpha = 0.05$ 时，P 值为 0.000，说明模型有意义。

附表 3-2　模型拟合信息

模型	模型拟合标准	似然比检验		
	-2 倍对数似然值	卡方	df	显著水平
仅截距	113.430			
最终	27.324	86.106	4	0.000

（5）附表 3-3 是伪决定系数的结果，因为分析的都是分类变量，所以三个决定系数都相对较低。

附表 3-3　伪 R^2

Cox 和 Snell	0.166
Nagelkerke	0.224
McFadden	0.135

（6）附表 3-4 显示的是自变量 x1、x2 的似然比检验结果，似然比的 χ^2 值分别为 31.223 和 56.670，当显著性水平 $\alpha=0.05$ 时，P 值均为 0.000，说明 "x1" 和 "x2" 都有统计学意义。

附表 3-4　似然比检验

效应	模型拟合标准	似然比检验		
	简化后的模型的-2 倍对数似然值	卡方	df	显著水平
截距	27.324	0.000	0	0.000
x1	58.547	31.223	2	0.000
x2	83.994	56.670	2	0.000

（7）附表 3-5 显示的是参数估计结果。口味 1 是第一个广义 logistics 模型的参数估计，口味 2 是第二个广义 logistics 模型的参数估计。其中自变量性别 x1 取 "2" 和自变量年龄 x2 取 "2" 时作为参照，因此参数默认为 0，无法进行估计。

附表 3-5　参数估计结果

y^a		B	标准误	Wald	df	显著水平	Exp（B）	Exp（B）的置信区间 95%	
								下限	上限
口味 1	截距	2.190	0.242	81.715	1	0.000			
	[x1 = 1]	2.019	0.534	14.293	1	0.000	7.529	2.644	21.440
	[x1 = 2]	0^b	0	0	0	0	0	0	0
	[x2 = 1]	-1.595	0.286	31.010	1	0.000	0.203	0.116	0.356
	[x2 = 2]	0^b	0	0	0	0	0	0	0

续表

y^a		B	标准误	Wald	df	显著水平	Exp（B）	Exp（B）的置信区间95%	
								下限	上限
口味2	截距	−2.673	0.761	12.353	1	0.000			
	[x1=1]	2.862	0.642	19.858	1	0.000	17.488	4.968	61.564
	[x1=2]	0^b	0	0	0	0	0	0	0
	[x2=1]	1.096	0.786	1.948	1	0.163	2.993	0.642	13.957
	[x2=2]	0^b	0	0	0	0	0	0	0

注：a. 参考类别是口味3；b. 因为此参数冗余，所以将其设为0。

通过附表3-5可知，口味1和口味3的饮料相比，男性比女性更钟爱口味3的饮料（$x^2 = 14.293$，当显著性水平 $\alpha = 0.05$ 时，P值为0.000，小于0.05），儿童比成人更钟爱口味3的饮料（$x^2 = 31.010$，当显著性水平 $\alpha = 0.05$ 时，P值为0.00，小于0.05）。

口味2和口味3的饮料相比，男性比女性更钟爱口味3的饮料（$x^2 = 19.858$，当显著性水平 $\alpha = 0.05$ 时，P值为0.00，小于0.05），成人和儿童对两种口味的饮料钟爱程度无差别（$x^2 = 1.948$，当显著性水平 $\alpha = 0.05$ 时，P值为0.163，大于0.05）。

由此可写出两个模型：

$$\text{logit} \frac{\pi \text{口味}1}{\pi \text{口味}3} = 2.109 + 2.019 \text{男性} - 1.595 \text{儿童}$$

$$\text{logit} \frac{\pi \text{口味}2}{\pi \text{口味}3} = -2.673 + 2.862 \text{男性} + 1.096 \text{儿童}$$

四、主要结论

某饮料生产厂家通过问卷调查还发现男性比女性更爱喝饮料，儿童比成年人更爱喝饮料，因此，相比口味1和口味2的饮料，该饮料生产厂家可在市场投放更多口味3的饮料来获取收益。